Arno E. Meyer

Die reinste Wahrheit und andere Lügen

Alternative Sichtweisen

Vorbemerkung:

Eine wahre Aussage kann als Lüge bei den Empfänger/innen der Botschaft ankommen, wenn wichtige Ergänzungen fehlen. So werden täglich Meinungen manipuliert und wirtschaftliche und politische Vorhaben begünstigt.
Zum Beispiel erfahren wir aus den Medien, dass die Familie X im Lande Y mit einem kärglichen Monatseinkommen von 60 Dollar ihr Dasein fristen muss.
Wenn uns dabei aber verschwiegen wird, dass in jenem Lande die Monatsmiete für eine angemessene Wohnung 10 Dollar beträgt und ein Brot 20 Cent kostet, wird uns ein falscher Eindruck vermittelt, weil wir ohne die Zusatzinformationen automatisch das dortige Monatseinkommen mit unserem Monatsbedarf vergleichen.
Deshalb bezeichne ich solche Nachrichtenfragmente als Lügen!
Um keinen falschen Eindruck zu erwecken, sollte es zum Ehrencodex der Reporter/innen gehören, dass sie mit der Bekanntgabe eines Lohnes auch dessen hiesige Kaufkraft mitteilen!
Ich bin nicht richtig informiert, wenn nur berichtet wird, dass ein Arbeiter in x-Land 1,5 $ am Tag verdient. Die Aussage ist erst wahr, wenn dazu gesagt wird, dass der Betrag zum Beispiel ausreicht, um die monatlichen Energiekosten seines Familienhaushalts zu bestreiten!

Teil 1

Juden, Christen, Islam und Urknall

Zwischen den Jahren 1364 und 1347 vor unserer Zeitrechnung
regierte in Ägypten der Pharao Amenophis IV., dessen Gattin
Nofretete hieß.
Dieser Regent erfand den Monotheismus, welchen sein
Stiefenkel, der Hebräer Moses, ja mit dem Auszug der Juden
aus Ägypten in die weite Welt exportierte.

Nach einer Vision, die Amenophis während eines Ausflugs in
die heiße Wüste gehabt hatte, kratzte er sämtliche Namen
seiner Vorgänger und ägyptischen Götter aus den
entsprechenden Denkmälern, oder ließ sie entfernen, erhob die
Sonnenscheibe, Aton, zum einzigen Gott, gab sich selber den
Namen Echn*aton* und gründete in Amarna einen neuen
Regierungssitz, Achet*aton*, der dem Aton geweiht wurde.
Damals glaubte man ja noch, dass wir unter einem, mit Sternen
bestückten Himmelsgewölbe leben, dass das Firmament eine
Halbkugel aus festem Stoff sei, die das Chaoswasser (oder die
Ursuppe) so teilt, dass unter ihr und über ihr Wasser ist, wobei
vom oberen Wasser durch die Öffnungen im Firmament der
Regen auf uns herabströmt.
In dieser Vorstellung erschien die Sonne als (göttliche)
Scheibe.
Echnaton sah sich als deren Vertreter auf Erden, quasi als
Papst; oder als Mensch gewordener Gott, der über Leben und
Tod seiner Untertanen verfügen durfte.

In jener Zeit unterstand ihm auch das Volk der Hebräer in der Eigenschaft als Sklaven. Die waren nicht nur fleißig bei der Produktion von Ziegeln, sondern produzierten auch fleißig eigenen Nachwuchs.

Weil der Pharao deshalb befürchtete, dass deren Bevölkerung in seinem Reich zu sehr anwuchs und bald zahlenmäßig stärker werden könnte als die Ägypter selbst, befahl er den Hebammen seines Landes, dass künftig alle männlichen Hebräer Babys unverzüglich nach deren Geburt zu töten seien.

Vorbild für Herodes?

Jedoch eine junge Hebräerin gebar einen Knaben und hielt das drei Monate lang geheim. Dann legte sie ihr Baby in ein Binsen Körbchen und versteckte dieses im Schilf des Nilufers, in der Hoffnung, dass ihr Kind möglichst einer ägyptischen Adoptivmutter das Herz erweichen möge.

Die große Schwester des ausgesetzten Knaben sollte in der Nähe bleiben und aufpassen, was geschieht.

Wie erwartet, kam eine junge Ägypterin, sogar die Tochter des Pharaos, zum Baden an den Nil und fand das Knäblein, welches ihr auf Anhieb gefiel und ihren Mutterinstinkt erweckte. Sie gab dem Säugling den Namen Moses und erkundigte sich bei ihren Dienerinnen nach einer Amme.

Da mischte sich die Schwester des Findlings in das Gespräch ein und empfahl dafür ihre eigene Mutter.

So kam es, dass Moses von seiner leiblichen Mutter, einer hebräischen Sklavin, gegen gute Bezahlung genährt wurde und nach dem Abstillen in die Obhut ägyptischen Adels übergeben werden konnte.

(Und wohl zweisprachig aufgezogen wurde).

Darum ist es nicht verwunderlich, dass Moses im Herzen weiterhin Hebräer blieb, weil der Kontakt zu seiner Ursprungsfamilie irgendwie aufrechterhalten wurde.

Seinen Lebenswandel führte er aber als adliger Ägypter.

Als solcher verinnerlichte er auch das Gedankengut seines
Stiefopas Echnaton und entdeckte, dass da etwas nicht ganz
stimmen konnte: „Wieso soll eine Licht und Wärme
abstrahlende Scheibe göttlich sein?"
Er grübelte und grübelte bis er die zündende Idee fand: „Nicht
die Himmelsscheibe ist Gott, sondern sie ist dessen Versteck.
Der Schöpfer selbst sitzt hinter dem Blendwerk damit wir uns
kein Bild von ihm machen können.
Damit lag Moses nicht ganz falsch.
Nämlich, nachdem er, während einer arbeitsrechtlichen
Auseinandersetzung, Partei für geschundene Stammesbrüder
ergriffen und dabei einen ägyptischen Antreiber getötet und
sich dadurch den Zorn des Pharaos zugezogen hatte, flüchtete
er nach Midian.
Dort heiratete er eine Tochter des hiesigen Priesters.

Als er eines Tages mit der Schafherde und den Ziegen seines
Schwiegervaters am Gottesberg Horeb weidete, stand er
plötzlich vor einem brennenden Dornbusch aus dessen Innerem
er eine Stimme zu hören glaubte. Und diese Stimme behauptete
sogar, Gott selbst zu sein und zitierte Moses auf den Berg
hinauf, wo er diesem zwei beschriebene steinerne
Gesetzestafeln übergab, welche er seinem Volke – *vermutlich
wohl in hebräischer Sprache* - übermitteln sollte.
Und Moses glaubte fortan an diesen einzig wahren Gott.

Zwischendurch kamen ihm aber Zweifel auf, die jedoch durch
den Einfluss seines älteren Bruders Aaron immer wieder
ausgeräumt werden konnten.
Aber es kam zu Meinungsverschiedenheiten und zu
Streitigkeiten unter den Hebräern, wobei Moses in Rage geriet
und die Gesetzestafeln Gottes zertrümmerte…

Nachdem die zwei Brüder das Zauberhandwerk der Magiere
erlernt hatten und nach vielen Enttäuschungen ebenso viele

Erfolge für sich verbuchen konnten, wurde Moses abermals vom Allmächtigen auf einen einsamen Berg, auf den Sinai gerufen.
Dort musste er in vierzigtägiger Handarbeit mühsam das (angeblich) von Gott Vernommene in zwei Steinplatten meißeln, um diese später erneut seinem Volk zu präsentieren.

Das war wohl die erste Quarantäne (vierzig Tage in Abgeschiedenheit) in der Menschheitsgeschichte; lange bevor das System als hygienische Präventionsmaßnahme im Hafen von Venedig auftauchte und bald von anderen Handelszentren übernommen wurde, um sich vor eingeschleppten Krankheiten zu schützen.

Danach, nach erfolgreich überwundenen Hürden und mit Unterstützung seines Bruders Aaron, unter Anwendung ihrer Zauberkünste, konnte er schließlich - angeblich mit Gottes Hilfe- das Volk Israel aus Ägypten weg lotsen.
Dann waren auch fast alle Hebräer von der Existenz eines einzig wahren Gottes Jahwe überzeugt unter dessen Obhut sie sich befanden und kein Mensch hat jemals nachgefragt, ob Moses dessen rätselhafte Botschaften an die Menschheit tatsächlich fehlerfrei und wahrheitsgetreu, wiedergegeben hat.

Wer die Bibel nämlich aufmerksam liest, der/die entdeckt darin manche Ungereimtheiten und Widersprüche, die darauf schließen lassen, dass dem Moses beim Meißeln Fehler unterlaufen sein müssen, oder dass er Gottes Botschaften in ihrem eigentlichen Sinne abgewandelt und seinen persönlichen Vorstellungen angepasst hat.
Wenn er vierzig Tage und Nächte ohne Unterbrechung einem Vortrag, den Gott aus einem Feuer gehalten hatte, lauschen musste und nebenbei diese Worte in die Steintafeln gekloppt haben will, dann musste seine Aufmerksamkeit mit der Zeit selbstverständlich nachgelassen haben. Es ist schon erstaunlich,

dass er dabei nicht verdurstet ist und würde nicht verwundern,
wenn die Niederschriften deshalb in einigen Punkten einem
allmählich vernebelten Geist und erlahmten Gliedern
entsprungen sein könnten… musste er die aramäische oder
hebräische Sprache verwenden, musste er in der Sprache seiner
Mutter oder in der Sprache seiner Stiefmutter schreiben?
(darüber gibt uns die Bibel leider keine Auskunft).

Egal, die Hebräer übernahmen die Botschaften ungeprüft.
Später übernahmen die Christen diese ebenfalls ungeprüft,
nachdem Jesus sie bekräftigt hatte und noch später taten das
auch die Anhänger des erfolgreichen arabischen Kaufmanns
und Propheten Mohammed, der an der inzwischen verbreiteten
Bibel einige Abwandlungen vorgenommen hatte und den
Koran erfand und Jahwe den Namen „Allah" gab.

So konnte es passieren, dass bis zum heutigen Tage Millionen
zivilisierte Menschen; Moslems, Christen und Juden, die alle
an ein und denselben Gott glauben, den sie aber mit
unterschiedlichem Namen verehren, Gedankengut als
Wahrheiten betrachten, aus Zeiten, als die Erde noch als
Scheibe angesehen wurde und als Weltraumfahrt und Computer
noch nicht einmal als Utopie existierten.
Deshalb ist es gut erklärbar, dass die himmlischen Botschaften
auf ihrem Überlieferungsweg unterschiedlich ausgelegt und
von den Empfängern falsch gedeutet werden konnten.

Die alternative Glaubensgemeinschaft der Anhänger der
Urknalltheorie kann aber auch nicht von sich behaupten, dass
sie der Wahrheit über die Entstehung der Welt und des Lebens
näher liegen, als die Religionsgemeinschaften.
Das Problem sind nämlich die Unendlichkeit und die Ewigkeit;
von Nichts kommt nichts, aber kann Alles einmal im Nichts
verborgen gewesen sein, kann alles wieder total im Nichts
verschwinden?

Die einzige, mit den uns zur Verfügung stehenden fünf Sinnen und drei Dimensionen erkennbare absolute Wahrheit ist die Mathematik. Die diversen Abhängigkeiten und Zusammenhänge kann man nur entdecken, es ist nicht möglich, eine mathematische Regel neu zu erfinden. Mathematiker sind Entdecker.

Der Satz des Pythagoras galt schon lange vor der Geburt seines Namensgebers und wird nie verlöschen. Das gilt für alle Entdeckungen und deren Namensgeber in der Mathematik: Euklid, Leibniz, Gauß, Ries und alle früheren und späteren Kollegen (Mathematikgrößen) waren Namensgeber für ihre Entdeckungen.

Jede denkbare mathematische Regel ist ewig und ohne Ausnahme, sie schwebt als göttliches Gesetz über allem Sein und Geschehen. Die Mathematik gab es schon vor dem Urknall, sie war sogar unbedingte Voraussetzung für so ein Ereignis…

Also ja, Religionen haben wohl ihre Daseinsberechtigung, es sind aber Glaubenssachen und diskussionswürdige Beiträge zur Wahrheitsfindung. Es sind Himmelsleitern. Sie sind nicht wirklich nachprüfbares Wissen.

Es sind Ansichten, die sich über die Handelswege und Kriege zwischen den Völkern verbreiteten und sich auf den Verbreitungswegen gegenseitig beeinflussten und Abwandlungen infolge von Übersetzungsfehlern oder Hörfehlern, vielleicht sogar auch durch absichtliche Ausschmückungen oder erzieherische Sinn Veränderungen, Abweichungen von den Urtexten erfuhren.

Darum scheint es so, dass Religionen auch ständig voneinander abgekupfert haben.

So kann die Legende von einer jungfräulichen Geburt im Verlaufe eines halben Jahrtausends durchaus von Indien nach Israel gelangt sein.

Zum Beispiel ungefähr 560 Jahre vor unserer Zeitrechnung

wurde in Nepal Siddharta Gautama, der sich später Buddha
nannte, als Sohn einer Jungfrau Maja geboren, einer jungen
Prinzessin, die von einem weißen Elefanten schwärmte;
560 Jahre später wird mehrere Tausend Kilometer weiter
westlich, in der Levante, angeblich Jesus als Sohn einer
Jungfrau Maria geboren.

Bei der Geburt von Jesus erscheinen angeblich drei Hirten,
Weise oder Könige aus dem Morgenland. Aber auch bei der
Zeugung des Gottessohnes scheint nicht alles ganz normal
gewesen zu sein: Im Mainzer Dom ist Heinrich von Meißen
(Frauenlob) begraben, obwohl er selbst kein Kirchenmann war.
Aber er hat im 13. Jahrhundert (etwa achthundert Jahre näher
am Geschehen, als wir) in seiner Marienverehrung
nachfolgenden Vers verfasst:

> „Der Schmid von Obenland
> warf seinen Hammer in meinen Schoß.
> Ich wirkte sieben Sakramente.
> Ich trug ihn, der den Himmel und die Erde trägt
> und bin dennoch Jungfrau.
> Er lag in mir und ließ mich ohne Mühsal.
> In Sicherheit schlief ich mit Dreien,
> davon wurde ich fruchtbar, voller Güte.
> Süße schneidete in mir Süße…"

Könnte man daraus schließen, dass die Christenheit vor 800
Jahren, lange vor Luthers Geburt, es noch für möglich gehalten
hatte, dass die drei Weisen (oder Könige, Astronomen oder
Astrologen, Hirten?) nicht an der Geburt, sondern sogar schon
bei der Zeugung des Jesu zugegen waren?

Es gibt noch viele Bibelstellen und weltliche Legenden, deren
heutige Aussagen von der ursprünglichen Bedeutung am
Entstehungstag abweichen und nur als Fehlinterpretationen der

Dokumentatoren gelten können.
Deshalb sollte jeder Gläubige und jede Gläubige tolerant
gegenüber andersdenkenden Menschen sein.
 Allen gemein bleibt aber, dass Religionen ihre
Daseinsberechtigung haben. Sie trösten uns über das
Bewusstsein der Vergänglichkeit hinweg.

Es sind Himmelsleitern. Sie sind Wege; Rennstrecken oder
Schleichwege zur Erkennung unseres Daseins, zum Sinn und
Zweck unseres Lebens. Dabei ist die Vielfalt sogar einem
Einheitsklischee vorzuziehen.
Konkurrenz belebt doch das Geschäft und die Benutzung
verschiedener Wege vermeidet Staus und Unfälle. Deswegen
sollte keine Religionsgemeinschaft einer andersdenkenden
feindlich begegnen, sondern je mehr Wege hin zu Gott
beschritten werden, desto entspannter können alle dem
gemeinsamen Ziel auf verschiedenen Pfaden entgegenstreben.
Im außerreligiösen Leben wäre es sogar normal, dass jedes
Individuum exklusiv versucht sich Gehör bei einem Gönner zu
verschaffen, weil dann die Chance auf Erfüllung seiner
Wünsche höher ist, als wenn tausend unterschiedliche Bitten
gleichzeitig vorgetragen werden.

Wenn Gott den Menschen tatsächlich nach seinem Ebenbild
geschaffen haben sollte, mit nur zwei Ohren, wie kann der
Schöpfer dann mit nur zwei Hörorganen gleichzeitig tausend
verschiedene Gebete erfassen?
Wie sinnvoll und erfolgversprechend ist es für einen Bittsteller,
wenn er gleichzeitig mit Millionen weiteren Gläubigen in die
diversen Gotteshäuser strömt und mit unzähligen
konkurrierenden Wünschen in unterschiedlichen Sprachen
seine individuellen Gebete zum Himmel schickt?
(Turmbau zu Babel...)

Ich würde versuchen Gott für mich alleine zu gewinnen, statt

mir Konkurrenz zu schaffen, indem ich anderen Menschen
meinen Glauben aufdränge, damit die sich eventuell sogar
zwischen mich und den Allmächtigen drängeln könnten.
Außerdem; wie sinnvoll ist es, wenn alle Anhänger des selben
Gottes immer gleichzeitig und zu denselben Terminen einen
Gottesdienst abhalten?
Dann könnten ungläubige Diebe doch gut ihre Einbrüche
planen…
Wie soll Gott entscheiden, wenn ein unzähliges Heer seiner
Anhänger gleichzeitig unzählige, teils gegensätzliche Wünsche
an ihn heranträgt?
Es ist schon ein Dilemma, wenn ich ins Schwimmbad möchte
und um Sonnenschein bete, während meine Mutter Salat
pflanzen will und vom selben Vater im Himmel, wie ich, Regen
erbittet…
Zumindest die drei monotheistischen Glaubensgemeinschaften,
die ja alle auf Moses und Abraham zurückgehen und somit
eigentlich brüderliche Fanclubs sind, die das selbe Idol
anhimmeln, allerdings mit unterschiedlichem Namen und in
verschiedenen Sprachen, sollten den Dialog einer feindlichen
Übernahme vorziehen und partnerschaftlichen Umgang pflegen
und friedlichen Meinungsaustausch praktizieren.

Besonders sollte in diesen Kreisen die Rolle des weiblichen
Anteils der Menschheit endlich den gebührenden Respekt und
Stellenwert erhalten, der ihm bei einer alternativen Lesart der
Bibel, der Thora und des Korans zusteht.
Obwohl heute bekannt ist, dass nur die Summe aller weiblichen
und männlichen Eigenschaften zusammen das Prädikat
„Mensch“ besitzt, glauben immer noch viele Männer, dass
Frauen „weniger Wert seien“ als Männer.
Das geht auf die unsinnige Behauptung in der Bibel zurück,
dass das Weib dem Manne Untertan sei und auf eine fehlerhaft
und widersprüchlich ausgelegte Schöpfungsgeschichte!

Der vollkommenere Mensch ist ja wohl der weibliche Teil,
dem männlichen fehlt doch ein X-Chromosom; an dessen
Stelle hat er ein Y-Chromosom das man als verkrüppeltes X-
Chromosom betrachten kann, weil ihm eins der vier Beinchen
fehlt. Genauer gesagt: als Gott sein menschliches Ebenbild in
zwei Teile zerlegte, ging dem männlichen Anteil eine halbe
Chromatide verloren.
Während der weibliche Menschenteil 23 Chromosomenpaare
mitbekam, also 46 Erbträger, jede bestehend aus zwei
Chromatiden, (entspricht 92 „Beinchen") wurde dem
männlichen Part vom 23ten Chromosom ein „Beinchen"
vorenthalten.
 Dadurch entstand ein Verhältnis von 92:90 zugunsten der
Frauen.
Damit hat der Mann auch weniger Telomere für die Zellteilung
zur Verfügung und vier Jahre weniger Lebenserwartung. Und
darum ist der Mann aggressiver als die Frau, weil das
entsprechende Regulierungsgen offenbar ausgerechnet auf dem
verlorengegangenen Chromatiden Abschnitt sitzt, wie vielleicht
auch ein Großteil der Fähigkeit zum Farbsehen?
Frauen sehen ja bekanntlich bunter als Männer.

Angeblich sprach Gott: „Lasst **uns** Menschen machen als
unser Abbild…"
Da spricht er von sich im Plural, warum?
Weil Gott männlich und weiblich in Einem ist, ewig und
unsterblich ist, dann braucht er sich nicht reproduzieren
(fortpflanzen) und demzufolge auch gar kein Geschlecht zu
haben. Deswegen ist die Bezeichnung „Vater im Himmel"
völlig danebengegriffen.
Wenn Gott den Monotheismus nicht durch seine eigenen
Ebenbilder an seiner Seite abschaffen wollte, dann durfte er
sich keine unsterblichen Klone zur Gesellschaft holen.
Und wenn sein Abbild nicht seine eigene Existenz gefährden
soll, dann muss dieses sterblich sein.

Wenn Gott an diesem Geschöpf aber länger Freude haben will
als eine einzige Lebensdauer lang, dann muss dieses Wesen
eine andere Form des ewigen Lebens; ständige Geburten und
ständige Tode durchlaufen, so also das ewige Leben seiner Art
erhalten.
Dabei wendet die Schöpfermacht den gleichen Trick an, wie im
Tierreich und bei den Pflanzen. Das Individuum wird
dualisiert, bekommt zwei Geschlechter.
Und wenn diese nicht in einem gemeinsamen Körper vereint
sind, wie das bei der Aufteilung des gottgleichen Menschen, zu
Mann und Frau ja jetzt der Fall ist, dann verlangt eine
Anziehungskraft die beiden Körperhälften immer mal wieder
zu einer Wiedervereinigung. Diese findet in der Verschmelzung
von Follikel und Spermium statt, in der Zusammenführung von
Genen der Mutter und gleich vielen Genen des Vaters.

Dadurch werden Erbanlagen aus Jahrmillionen dauernden
Staffelläufen von Genen erzeugt. Darin liegt der Anteil unseres
„ewigen Lebens" oder unserer Wiedergeburten. Unser Leben
ist ja nicht statisch, es ist immer ein Lebenslauf, ein ständiges
Geschehen, unser Körper ist eine ewige Baustelle, ständig
sterben Zellen von/in uns und ständig kommen neue Zellen
dazu. Wir leben in stetem Agieren von gegenseitigem Molekül
Austausch mit unserer Umwelt. Das Sterben ist der Preis für
die Geburt.
Unser Sterben beginnt also schon bei der Geburt.
Wir sind ein Geschehen, eine Abfolge von Aufbau und
Verschrottung unter dem göttlichen Zwang des
Selbsterhaltungstriebes.
Deswegen atmen wir, essen wir, schwitzen und frieren wir,
schlafen wir, wir wollen Sex…
wir sind keine Statuen, keine Denkmäler…
Wir sind in ständiger Bewegung, im Staffellauf der Gene, bei
dem sich die männlichen und weiblichen Bahnen permanent
kreuzen wollen.

Dafür hat Gott uns den Sex verpasst!

Dann kann der aber keine Sünde sein... Im Gegenteil, Sex ist so wichtig wie Essen, Trinken und Schlafen. Wir haben mit der Schöpfung sogar das Bedürfnis mitbekommen, diesen auch dann zu genießen, wenn wir eigentlich keinen Nachwuchs zeugen wollen.

Darum ist die Frau auch nur an den wenigsten Tagen eines Monats empfänglich und es kommt bei der Wahl des Partners gar nicht immer auf das Geschlecht an.

Wenn der Fortpflanzungstrieb gerade nicht der Anlass für die sexuelle Betätigung ist, sondern allein das Vergnügen, nur so zum Spaß, dann stehen uns viele Spielarten zur Verfügung.

Gott hat uns dafür ausreichend Phantasie mitgegeben.

Wir können den Sex alleine oder in Gruppen genießen, gleichgeschlechtlich oder „normal"; es muss aber zwischen den Akteuren Übereinstimmung herrschen und darf kein Zwang ausgeübt werden…

Gott selbst ist kein Lebewesen aus Fleisch und Blut, sondern er ist reine Existenz.

Er braucht nicht essen und keine Notdurft verrichten. Er hat keine Eltern, wurde nie geboren, wird nie sterben, braucht sich nicht fortpflanzen und braucht keinen Sex.

Wer der Allmacht Gott ein männliches Geschlecht anhängt, der macht sie sterblich und den Monotheismus damit unmöglich!

Gott ist Neutrum, Wille und Willkür, Ewigkeit und Sein, der Algorithmus des ganzen Geschehens, aber kein vergängliches männliches Lebewesen…

Wenn er sich uns zum Ebenbild erschaffen hat, dann wollte er sich wohl keine Konkurrenten schaffen (was eine Aufhebung des Monotheismus bedeutet hätte), sondern er wollte seine Schöpfung mit Geist und Seele ausstatten, wobei unsere menschlichen Körper die dementsprechende Funktion von

Trägermodulen erhalten.
Mit der Reproduktionsfähigkeit seines Ebenbildes und dessen
Aufteilung auf zwei Geschlechter wollte Gott gleichzeitig den
Monotheismus sicherstellen und den Menschen schaffen.

Und das konnte Moses noch nicht verstehen und hat sich aus
seinem biologischen Vorstellungsrepertoire die Sache mit der
Schöpfung der Frau aus der Rippe des Mannes
zurechtgezimmert, womit er seine ursprüngliche Aussage
berichtigen wollte, was wohl tatsächlich keine sinnvolle
Berichtigung war.
Er hatte noch nicht erkannt, dass der Mann alleine noch kein
vollkommener Mensch ist, und auch die Frau alleine nicht.
Nur die Summe aller männlichen und weiblichen
Komponenten ergibt die Kreatur „Mensch"; **der** Mensch ist
eine Erfindung von Machos; es müsste heißen „**das** Mensch"!

Hätten die Autoren der Thora und der Bibel oder des Koran
ihre Texte schon mit Schreibmaschinen oder Computern zu
Papier bringen können und rechtzeitig Verbesserungen daran
fertigen, würden diese Werke heute wesentlich weniger
Widersprüche enthalten und ganz anders auszulegen sein…

Zum Beispiel stimmt folgende Überlieferung nachdenklich:

Dann „schuf Gott Adam und Eva sich zum Ebenbild" und
verlangt später, dass diese sich kein Bild von ihrem Schöpfer
machen dürfen… und damit auch keins von den Menschen
selbst, was ja unmöglich befolgt werden kann, weil die
Menschen sich doch zwangsläufig sehen!
Das ist also ein Dilemma das aufgrund von
Fehlinterpretationen in die Bibel gerutscht ist. Das legt die
Vermutung nahe, dass der Schöpfer ursprünglich gar keine

körperliche, materielle Duplizierung vornehmen wollte, sondern seinem Geist und seiner Seele ein imaginäres, ein unspiegelbares Abbild schaffen wollte.

Bestimmungsgemäß schreiten Eva und Adam zur Zeugung. Sie machen Sex und schenken zwei Knaben das Leben. Kain und Abel.
Einer haut den anderen tot, dann bevölkern gerade mal drei Menschen die Welt; Adam und Eva mit ihrem sündigen Sohn. Plötzlich nimmt der Brudermörder Kain sich aber eine Frau. Ja, wo hat der die denn hergezaubert?

Und was ist davon zu halten, wenn David, getreu der Regel „Du sollst nicht begehren deines Nachbarn Frau", den Mann einer schönen Nachbarin abmurksen lässt, damit er selbst sich an dessen Witwe erfreuen kann?
Wenn unsereins heutzutage in das Badezimmer einer schönen Nachbarin stiert, gilt er als Spanner; aber im Altertum wurde sogar ein Witwenmacher hoch angesehen, wenn er mit dem Vernaschen seiner Nachbarin gewartet hat, bis deren Ehegatte krepiert war.
Was in diesem Falle leider nicht ganz stimmt, David hat die Schöne ja schon geschwängert, bevor er deren Gatten ermorden ließ. Dass der Gehörnte sein Leben wegen der Begierde seines obersten Chefs lassen musste, spielte wohl keine Rolle.
Demnach war das Fremdgehverbot damals bei den Juden offenbar höher einzustufen als das Tötungsverbot…

Was ist davon zu halten, dass alle Männer und Knaben dem Schöpfer ihre Vorhäute opfern müssen, als sichtbares Zeichen ihrer Verbundenheit mit Gleichgesinnten und dem Allmächtigen, während gleichzeitig dem Beschnittenen die Betrachtung der Scham seiner Mitmenschen als höchste Sünde angeprangert wird?

(wollte unser unfehlbare Schöpfergott damit vielleicht einen Konstruktionsfehler vertuschen?)
Wer glaubt denn wirklich, dass man vor über zweitausend Jahren solche Beschneidungen wieder rückgängig machen konnte, wie das im ersten Buch der Makkabäer behauptet wird?

Wie viele Schafe, Ziegen und Esel müssten in biblischen Zeiten auf dem Staatsgebiet eines Königreiches geäst haben, wenn alleine ein einziger Familienvater über tausend Stück davon besaß?
Wie viele Untertanen musste ein König damals gehabt haben, wenn er über hunderttausend Soldaten auf das Schlachtfeld schicken konnte?
Solche unlogischen Legenden konnte man entwickeln, als man noch nicht wusste, dass unser blauer Planet nur einer von vielen Planeten im unbegrenzten Weltraum ist. Es ist sogar sehr wahrscheinlich, dass es noch andere bewohnte Planeten gibt um die Gott sich auch kümmern muss.

Die Männer dieser Welt sind heute bereit anzuerkennen, dass die Erde keine Scheibe ist und nicht der Mittelpunkt der Welt. Sie waren dazu bereit, die Werkzeuge der Antike zu modernisieren, sie weiterzuentwickeln, Technik und Computer zu erfinden und vom Kamel oder Esel auf das Auto umzusteigen, aber in religiösen und moralischen Dingen verharren sie stur im tiefsten Altertum.
Sie erkennen an, dass die Verkünder der göttlichen Botschaften und die Missionare auf teilweise falschen Wahrnehmungen und verfälschten Überlieferungen aufbauen, aber, wider besserem Wissen wollen sie am männlichen Herrschaftsstatus über Frau und Kind festhalten.
Da besteht ein riesiger Nachholbedarf, diese Sachen sind der modernen Wissenschaft anzupassen!

Heute wissen wir, dass es die Frauen sind, die bei der

Fortpflanzung der Menschheit den größeren Anteil an
lebensspendenden Beiträgen leisten.
Wir haben sogar erkannt, dass friedliebende Töchter bessere
Garanten für die Weitergabe unserer Gene sind als kriegerische
Söhne.
Und jeder Vater sollte sich dessen bewusst sein, dass er mit
dem Zeugungsakt durch die Zusammenführung seiner Gene
mit den Erbanlagen der Kindesmutter, über den gemeinsamen
Nachwuchs, direkt mit dieser genetisch verbunden ist, also
blutsverwandt. Das gebührt doch einer angemessenen
Wertschätzung!?
*(wenn ihr die Mutter eures Kindes misshandelt, dann müsstet
ihr euch selber gleichermaßen misshandeln!)*

Wir wissen heute auch, dass Gott dem Weibe ein höheres
Sexualpotential zugeteilt hat als dem Manne. Die Frau hat etwa
doppelt so viele Nervenenden an der Klitoris, als der Mann im
Genital. Und offensichtlich dient der Kitzler den Mädchen
ausschließlich zum Lebensglück und darf nicht mutwillig
beschädigt werden.
Vielleicht hat Gott den Mädels ja dieses Organ geschenkt,
damit sie sich auch vergnügen können, wenn ihre Männer
längere Zeit auf Jagd oder Kriegszügen sind?
Die daraus folgende höhere Genussfähigkeit beim
Geschlechtsverkehr und der stärkere Orgasmus, mögen als
Ausgleich für die Geburtsschmerzen und die beschwerlichen
Schwangerschaften gelten.
Dass diese Tatsache als Strafe Gottes wegen des Sündenfalls
hingestellt wurde, könnte auch so eine Fehlinterpretation aus
Abrahams oder Moses Zeiten sein.
Wenn wir die ständigen Hinweise auf das lüsterne,
verführerische weibliche Geschlecht und die ständig
wiederholten, manischen Appelle an das Keuschheitsgebot vor
Augen geführt bekommen, drängt sich der Verdacht auf, dass
Abrahams Söhne panische Angst davor hatten, dass sie ihre

Gattinnen im Bett nicht zufrieden stellen können, oder, dass sie
möglicherweise die Kinder fremder Väter versorgen müssen.
In ihrer Hilflosigkeit bei der Lösung des Problems erfanden sie
die Unterdrückung der weiblichen Sexualität und das eheliche
Treuegebot.

Wir modernen Männer sollten jedenfalls den logischen Schluss
ziehen, dass durch das höhere Sexualpotential die Bereitschaft
der Frauen gefördert wird, die mit der Schwangerschaft und der
Aufzucht unseres Nachwuchses verbundenen Widrigkeiten auf
sich zu nehmen.
Man bedenke:
Der Mann übergibt der Frau von sich ein winziges
Körperteilchen und diese zaubert daraus durch ständige
Hinzugabe von wichtigen Bausteinen aus ihrem eigenen
Körper, in ca. neun Monaten einen neuen Menschen.
Sie entnimmt der Umwelt, mit der Atmung, dem Trinken und
Essen, das Rohmaterial für die Zellbausteine und fügt diese,
entsprechend dem durch die Zusammenfügung der väterlichen
und mütterlichen genetischen Codes vorgegebenen
Algorithmus, dem Embryo bzw. Fötus ein.
Und sie gibt dem Neugeborenen dann noch eine beträchtliche
Weile (als Nährmutter/ Amme) Anschub für ein eigenständiges
Leben.
Dieses Meisterwerk, zu dem kein Mann fähig ist, darf doch
nicht als Gebärmaschine verharmlost werden, sondern verdient
höchste Bewunderung, Wertschätzung und Hochachtung!

Die Gebärmutter ist die Quelle unseres Lebens und die Scheide
ist die Pforte ins Paradies, wodurch wir über den Weg der
Reproduktionen dem ewigen Leben entgegenstreben...

Und wenn der Geschlechtsverkehr nicht nur der Zeugung von
Nachwuchs dienen soll, sondern auch der reinen Lebenslust,
dann sollten Männer ihre Angst vor „Kuckuckskindern"

vergessen, Verhütungsmethoden anwenden und den Frauen absolute sexuelle Selbstbestimmung zubilligen, auch, wenn die sich den Rest zur Erfüllung bei einem Nebenbuhler holen, weil uns schon zehn Minuten reichen, während sie erst nach zwanzig in Fahrt kommt.

Wenn sich ein Mann drei Frauen leisten darf, müsste es den Frauen auch gestattet sein, sich mehr als einen Mann zu leisten. *(Der Mann verträgt schließlich doppelt so viel Alkohol, wie die Frau; diese verträgt dafür mindestens doppelt so viel Sex wie der Mann; gerechter Ausgleich!).*
Nicht der Mann darf die Frau zum Sex zwingen, sondern die Frau hat stets zu bestimmen, wann und mit wem sie Sex haben will! *(weil der Mann fast immer will, aber nicht immer kann, während die Frau immer könnte, aber nicht immer will und weil sie nur genießen kann, wenn sie will…).*

Und die liebe Moral, die ja stark von der Religion geprägt wurde, lässt einen „Weiberhelden" in neidvoll positivem Licht erscheinen, während ein Mädchen, dem ihm von Gott (oder der Evolution) mitgegebenem, aber nicht bis ins Bewusstsein vorgedrungenen, Hang nachgibt, zwecks Genvielfalt und Spermien Wettbewerb, mehreren Freiern zu Willen zu sein, als niederträchtige Schlampe verachtet wird!
Warum genügen dem Mann denn nur wenige Minuten, bis er sein Pulver verschossen hat und danach eine Refraktärzeit braucht, bevor er einen zweiten Begattungsversuch unternehmen kann, während das Weib locker einen zweiten und danach noch weitere Liebhaber empfangen kann?
Dahinter steckt offenbar ursprünglich der biologische Wille, dass das Weibchen sich mit mehreren Männchen paart, um eine gewisse Besten Auslese oder Genvielfalt zu erreichen.
Das ist zwar eigentlich als Antrieb für ihren Zeugungswillen vorgesehen, aber, genau wie der Mann sexuelles Vergnügen genießen kann, ohne dabei Nachwuchs zeugen zu wollen, gilt

das auch für die Frau.
Sonst wäre das eine Doppelmoral!

Die schlimmste Form der Menschenverachtung ist die Vergewaltigung; wahrscheinlich würde es diese gar nicht, oder viel seltener geben, wenn die weibliche Sexualität nicht von Kindesbeinen an bevormundet und unterdrückt würde, weil es dann naturgemäß stets viel mehr Beischlaf willige Mädels gäbe und sich dadurch weniger Druck bei den Jungs aufstaute…

In diesem Zusammenhang sei darauf hingewiesen, dass Prostituierte und die sogenannten Flittchen nicht verachtet werden sollten, sondern indirekt als Lebensretterinnen zu bewundern sind (Liebesdienerin sollte ein anerkannter sozialer Lehrberuf sein).
Statt Bordelle für Männer zu verbieten, sollten auch Bordelle für Frauen eingeführt werden! -

Wie kam eigentlich diese unsinnige Behauptung, dass das Weib dem Manne Untertan sein soll, in die Bibel?
Wenn man sich nur die ersten Textzeilen heranzieht, dann fällt auf, dass Gott sich zunächst Mann und Frau als Abbild schuf.
Ein paar Zeilen später behauptet der Autor dann aber, dass Gott dem Manne ein Weib beistellte, welches er aus dessen Rippe gezaubert hat; warum diese verfälschende Berichtigung?
Es könnte sein, dass der Urtext etwa so lautete:

*„Gott schuf sich den Menschen als sein Abbild, er schuf den Mann und danach, **als Krone der Schöpfung**, die Frau.“*
Aus dem „danach“ haben die Autoren gemacht: „dann folgte die Erschaffung des Weibes“…
Daraus wurde: „Das Weib folgte dem Mann“…
Das wird dann übersetzt zu: „Das Weib sei dem Manne folgsam, bzw. Untertan“.
Ein Indiz hierzu: …darum verlässt der Mann Vater und Mutter

und (folgt?) bindet sich an seine Frau...

 Weitere Beispiele für zweifelhafte Bibelaussagen:
Chronik 7,3- 31,4

Wie können auf einem einzigen Altar, in nur einer einzigen
Nacht, hunderte oder tausend Rinder gegrillt werden und wie
groß und hungrig mussten die Priesterfamilien gewesen sein,
wenn sie alle Opferreste vertilgen konnten, die der Himmlische
nicht mehr selbst verzehren konnte?
Wie viele Schafe und Ziegen müssen die Erde bevölkert haben,
wenn jede Familie davon Hunderte und Tausende halten konnte
und jedes Erstgeborene dem „Herrn" opferte?

Es irrt der Mensch, solange er nur glaubt.
Deshalb können potenzielle Selbstmordattentäter im Leben
zwar davon träumen, dass sie sich, nach einer verbrecherischen
Untat, mit 49 Jungfrauen vergnügen können.
Aber wenn sie sich selbst ins Jenseits katapultiert haben, dann
kann ihnen nicht mehr ein Licht aufgehen, dass sie hinterhältig
verführt wurden, dass ihnen verschwiegen wurde, dass ihr
Körper zu Staub zerfällt und in alle Winde verweht.
Sie opfern ihren fanatischen Verführern ihre schönste
Lebenszeit und ernten dafür Nichts und Vergessen statt Ruhm
und Paradies.
Wo soll sich das Paradies denn befinden und wie sollen die
Stäube dahin kommen?
Wo sollen die Jungfrauen warten und in welcher Gestalt?
Sie warten nur im Traum und sind reine Einbildung!
Kein realer menschlicher Körper wird jemals den imaginären
Garten Eden betreten solange kein entsprechendes Raumschiff
zur Verfügung steht.
Da gäbe es auch ein Kapazitätsproblem:

Wie viele Subjekte könnten das Paradies bevölkern?
Wie viele Fluggäste könnten überhaupt reisen…?
 Fragen über Fragen…

**Aber nun zurück zum religiösen Schöpfungsmythos und
zur Urknalltheorie:**

Beides sind Glaubensangelegenheiten. Es fehlen die Beweise.
Und weil wir Menschen nur drei Dimensionen und fünf Sinne
zur Verfügung haben, mit denen wir Beweise führen und
Wahrheiten erkennen können, werden wir die ganze, die
absolute und objektive, eine allgemeingültige Wahrheit niemals
erfahren können.
Wahrheiten können wir nur im Bereich unserer fünf Sinne und
drei Dimensionen „beweisen".
Und dazu müssen wir Abbildungen herstellen können.
Unabdingbar dafür ist Materie und Energie, Physik, Chemie
und Biologie. Keine dieser Komponenten kann für sich alleine
stehen, alle sind voneinander abhängig und befinden sich in
stetem Austausch.

*Selbst wenn wir unseren herkömmlichen fünf Sinnen noch als
sechsten und siebten Sinn die Propriozeption (den
Orientierungssinn und Gleichgewichtssinn) und die Fähigkeit
der Babys, die Mutterbrust zu finden, hinzufügen, kommen wir
ohne diese Faktoren nicht aus.*

 Alleine die Mathematik ist aber an allen Geschehen beteiligt,
sie gibt die Richtung vor und schwebt über jedem Sein und
jeder Dynamik und kann als höchste wissenschaftliche
Forschungsdisziplin gelten.
Während es unserem Menschenverstand nicht möglich ist, das
Nichts und das Alles, oder die Unendlichkeit und die Ewigkeit
abzubilden, kann die Mathematik mit den Werten Null und
Unendlich arbeiten.

(wenn die Null sich selbst in den Schwanz beißt, entsteht die *liegende Acht, das Zeichen für Unendlich, dadurch wird die Unendlichkeit des Weltraums quasi in ein Korsett gesteckt, das ist aber so logisch, wie ein schwarzer Schimmel; natürlich Unsinn)*…

Aber darum können wir aus mathematischen Modellen logische Schlussfolgerungen ableiten, die unserem Vorstellungsvermögen angepasst sind.

Diesen Anspruch erfüllt weder die Urknalltheorie noch irgendeine Religion.

Wenn ein Urknall aus einer zeitlosen Zeit in einen raumlosen und Temperatur losen Raum plötzlich Materie und Energie verstoben haben soll, dann kann dies nicht der absolute Anfang gewesen sein, es müsste ja vorher Alles in einem neutralen Nichts verborgen gewesen sein.

Dann kann es ein „Nichts", ein absolutes Vakuum ohne Zeit (niemals und nirgends), ohne Raum und Materie, nie gegeben haben. (Vielleicht wechseln sich im ewigen Geschehen ja dunkle Materie und sichtbare Materie periodisch ab und erzeugen so Urknälle?

Womöglich gibt es sogar einen ständigen Umwandlungswechsel zwischen schwarzer und weißer Materie) …

Ich kann mir zwar vorstellen, dass die Milchstraße und alle Galaxien monströse Lebewesen sind, die in sich selbst verschiedene Lebensformen erzeugen und dass im unendlichen All ein stetes Fressen und gefressen Werden ist, aber das Ewig und Unendlich haben keinen Anfang und kein Ende.

Deswegen bleibe ich bei meiner eigenen Schöpfungstheorie; es gab keinen Anfang und es wird kein Ende geben.

Es ist doch genauso logisch, dass schon immer Alles da war, wie dass alles einen plötzlichen Anfang gehabt haben muss!

Das passt jedenfalls besser zu Ewig und Unendlich, Entstehung und Vergänglichkeit. –

Und das könnten die Bausteine des Lebens sein:

Die Mathematik und die Zeit sind unkörperlich und ewig.
Wenn wir aus der Zeit einen Abschnitt herausnehmen,
begrenzen wir diese, geben ihr eine Dimension. Diese ist aber
materialisiert, das bedeutet, dass wir einen Zeitraum erhalten.
Da Zeit an sich Materie los ist, der Zeitraum aber unbedingt
eine Substanz enthalten muss, der Zeitabschnitt aber nicht
statisch ist, sondern dynamisch, Dynamik aber nicht ohne
Energie entstehen kann, bedingen Zeiträume das
Vorhandensein von Materie und Energie, wobei diese beiden
Komponenten in ständiger Wechselbeziehung stehen oder
sogar zwei unterschiedliche Aggregatzustände ein und
derselben Komponente sind.
Hier kommt die Physik ins Spiel; Materie und Energie bilden
die Elementarteilchen (Materie=Proton, Energie=Elektron),
diese erzeugen durch Elektronenwanderungen die Bewegung
und die Temperatur.

Und dadurch kommt hier die Chemie ins Spiel, es entstehen
Elemente, chemische Verbindungen. Diese können mit der
Verbindung verschiedener Elemente Moleküle erzeugen und
rufen die Biologie auf den Plan, wodurch Zellen und Organe
entstehen.
Mathe, Physik, Chemie und Biologie.-

Und das verträgt sich sogar mit den meisten Religionen, keine
geht von einem absoluten Nichts aus. Gott war schon mit
seinem Wort da, bevor er sich und die Welt (und den Teufel?)
erschuf. Andere Gemeinschaften glauben sogar, dass es ein
ganzes Göttinnen - oder Göttervolk gibt…
Weil wir die Anfänge unserer Leben bei der Geburt sehen und
das Ende am Todestag, wollen wir für alles Leben und Sein
einen Anfang und ein Ende haben.
Unser Leben fängt bereits lange vor der Geburt an und wir
verschwinden nicht mit dem Tod.
Geburt und Tod gehören aber unbedingt zusammen, wer nicht

sterben will, der/die muss seine/ihre Geburt verweigern.

Wir sind keine Statuen, sondern Geschehnisse.
Wir sind mit unserem Lebenslauf ein Akt auf der Bühne des
Weltalls.
Im ewigen Dasein, mit der Promiskuität der Elektronen, die auf
diversen Atomschalen herumstreunen und sich mit
verschiedenen Atomen verbinden, und dadurch verschiedene
Elemente (chemische Substanzen) erzeugen, die sich wiederum
zu verschiedenen Molekülen zusammenschließen, welche sich
zu (biologischen) Zellen zusammenraufen und diese sich dann
zu Zellkolonien organisieren und Organe generieren, wodurch
sie (organische) Lebewesen (Pflanzen, Tiere, Menschen) den
diversen Lebensformen des Universums beifügen.
Und diese Fähigkeit, Zell Verbünde zu Organen zu organisieren
und diese nach einem bestimmten Bauplan Lebewesen
generieren, nennen wir Erbanlagen oder Gene. Genial!

Das erforderliche Material, um unseren Körper zu erzeugen,
entnehmen wir ständig aus der unmittelbaren Umwelt, wir
atmen ein, essen und trinken und lagern ständig neue Zellen in
uns ein; wir verrichten die Notdurft, transpirieren und atmen
verbrauchte Luft aus; wir geben der Umwelt ständig wieder
zurück, was wir ihr entnommen haben, wir stehen mit unserer
Umwelt in ständigem Materialaustausch, in stetem
Regenerationsmodus.
Das ist das eigentliche „Ewige Leben"! Ständiges Fressen und
gefressen werden… ständig sterben Zellen in uns ab und
ständig bildet unser Körper neue.
Wir können niemals eine körperliche Wiedergeburt erfahren.
Bakterien, Pilze, Würmer und Vögel verteilen ständig unsere
„Rückerstattungen" in die weite Welt und ein paar Moleküle
aus dem Zellenhaufen bei unserer Bestattung werden sich
selbstverständlich irgendwo in einer Blume, einem Hasen oder
als Bestandteil einer Kastanie wiederfinden. Vielleicht landen

einige meiner Moleküle auch einmal im Ohr eines Musikers.

Wir können tatsächlich damit rechnen, uns sogar dessen sicher
sein, dass unsere Hinterlassenschaften einen Weg durch spätere
Lebewesen finden.
 Wenn wir die begrenzte Menge der kultivierbaren und in
Lebewesen einbaubare Masse der Erde betrachten, können wir
uns ausrechnen, in wie viele Menschenkörper diese am „Tag
des Jüngsten Gerichtes", bei einer Auferstehung oder
Wiedergeburt eingelagert werden könnte.
Ein verschwindend geringer Teil der Allerfrommsten hätte
dann das Privileg, die ganze Erdkruste als Baumaterial in seine
Statuen einzubringen, wodurch alles Leben ein Ende hätte…
das Nirwana, lauter Denkmäler, die niemand mehr beachten
wird…kein Recycling mehr; ich sehne mich in die sündige
Lebenszeit zurück, will wieder ständig 60 Liter Wasser in
meinem Körper mit mir herumschleppen und ein paar Pfund
Bakterien und Metalle, Minerale und Vitamine darin
vagabundieren lassen, will mit dem anderen Geschlecht
Unkeuschheit genießen und auf das Eintritts Billett in das
imaginäre Himmelsreich verzichten…
Dann spende ich doch lieber gleich, oder an meinem Todestag
Organe und habe vielleicht Glück, dass mein Herz in einer
hübschen, sonst dem Tode geweihten, Sängerin, dem ewigen
Leben entgegen klopfen kann.

**Durch eine (passive oder aktive) Organspende erhalten wir
wenigstens noch ein teilweises Weiterleben oder eine
Teilwiedergeburt**…

Wir dürfen unser Leben nicht als Statuen ähnliche Kreaturen
betrachten; als bewegliche Denkmäler, sondern als eine
materialisierte Theaterrolle. Wir sind nicht einfach da, wir sind
ein Geschehen, ein Ereignis.
Wir sollten unseren Lebenslauf als unser Dasein betrachten und

als Akt.
Vergleichbar einer Eisenbahnfahrt:

Wir seien auf der Reise von A nach B;
 bevor wir aber am Abfahrt Bahnhof ankommen, unserer
Geburt, haben unsere Eltern uns schon mit Genen aus
Jahrmillionen Vermischungen von Erbanlagen versehen. Nun
sind wir mit diesem Reiseproviant im Koffer am Bahnhof A
und steigen in den Zug. Geburt.
Wir verzehren den Reiseproviant und erwerben weitere
Köstlichkeiten und genießen die Fahrt, unseren Lebenslauf.

 Am Zielbahnhof B angekommen, verlassen wir den Zug
(sterben) und verschwinden im Gewühl der Menge.
Beerdigung, Verwesung und Übergabe der sterblichen Hülle als
Baumaterial für künftige Generationen.
Der Staub, aus dem ich gekommen bin kann wiederverwertet
werden…

Wenn die Trauergemeinde mich zur Letzten Ruhe bettet,
schüttet sie etwa 60-70 Liter Wasser in die Grube und eine
kleine Menge Kohle und einige Spuren von Kupfer, Blei,
Zink…
Meine Körperflüssigkeit versickert im Erdreich und wird mit
dem Grundwasser in eine Viehtränke gepumpt, von wo aus sie
im Euter einer Kuh landet oder vielleicht mit der Muttermilch
in den Bauch meines Urenkels. Meine Fingernägel oder die
Mineralien und Metalle werden von Bakterien und Pilzen
verarbeitet und landen über das Wurzelwerk eines
Walnussbaumes in einen Kuchen…
Angesichts der wachstumsbedingten Verknappung von
Rohstoffen muss sich die Menschheit irgendwann auch
Gedanken über die verschwenderische Methode der
Leichenbeseitigung machen; Friedhöfe werden vielleicht als
Mülldeponien betrachtet, in denen wertvolle Rohstoffe

endgelagert wurden. Man wird sich fragen, wozu die unsinnige
Totenruhe und die Beerdigungsrituale gut sind.

Wenn man meinem Ego zu Lebzeiten soviel Zuwendung
entgegengebracht hätte, wie nach dem Ableben, wo kein Geist
und keine Seele mehr etwas davon mitbekommen, dann hätte
ich es genossen.

Aber was habe ich davon, wenn ich, völlig gefühllos, in einen
weich ausgeschmückten, teuren hölzernen Schrein gebettet
werde; wenn mit mir schöne Blumen ins Grab geschmissen
werden, deren Duft ich doch nicht mehr wahrnehmen kann und
die oberirdisch die Bienen auf der Wiese und Spaziergänger
noch ein paar Tage erfreuen könnten. Warum müssen die
unschuldigen Blumen überhaupt mit mir in der dunklen
Abgeschiedenheit im Erdreich verfaulen?
Was habe ich von einem teuren Grabstein, der 5000 Jahre lang
meinen Namen tragen kann, der aber schon nach 20 Jahren
entsorgt oder umfunktioniert wird? Statt mir zum Andenken
einen teuren Stein auf einem einsamen Friedhofsplatz zu
spendieren, wäre ein Erinnerungsfoto in einer öffentlichen
Gedenkstätte für ehemalige Gemeindemitglieder sinnvoller.

Wenn mein Körper von Geist und Seele verlassen ist bin ich
nur noch Kompost und sollte als solcher behandelt werden.
Meine Grabstelle könnte als Gemüsebeet nützlicher sein und
verknappt und verteuert, während meiner Liegezeit, das
Bauland und die Mietpreise.
Und sollte meine sterbliche Hülle dem Feuer übergeben
werden und die platzsparende Variante der Beerdigung
vorgenommen werden, dann würde ich mich fragen, warum
meine Asche nicht mit der Asche einer anderen verblichenen
Person in Berührung kommen darf; ich könnte mir doch das
Gegenteil wünschen, endlich ewig kuscheln…

In der Erkenntnis, dass meine unbeseelte Körpermasse auf
jeden Fall eine Wiederverwendung als Bausteine für
Lebewesen oder unbelebte Objekte dienen wird, ist es mir
völlig egal, ob sie unter verschwenderischer Zeremonie dem
Erdreich übergeben wird oder wie ein totes Tier behandelt wird
(Futter, Seife, Kompost, Energiegewinnung...).

Und wenn wir Kinder gezeugt haben, dann geben wir sogar
unseren genetischen Code weiter.

Aus dieser logischen Schlussfolgerung, dass, bezogen auf
unsere Mutter Erde und das uns zugängliche Weltall, es
unmöglich sein kann, dass an einem fernen Tage so viel Humus
zur Verfügung stehen wird, dass alle bisher gelebten Menschen
gleichzeitig mit denselben Molekülen versehen, wie sie diese
am Todestage dem Erdreich übergeben haben, in den Himmel
aufsteigen können, versuche ich lieber, meinen heutigen
Lebenslauf möglichst lange zu genießen, in Frieden und
Eintracht.
Wo finden wir eigentlich den Himmel, das Paradies, nachdem
wir fromm, auf die schönsten Dinge im Leben verzichtet haben
und unsere Augen für immer geschlossen haben?
Astronomen, Astronauten und Astrologen können uns das nicht
sagen.
Die logische Erklärung dafür ist, dass die Erfinder des Mythos
des in- den- Himmel-kommens, einen imaginären Ort des
Nicht-Vergessens voraussetzten, eine Einrichtung in welcher
alle Lebensläufe abgespeichert sind. (*in dem Roman "Das Weib
sei nicht Untertan des Mannes" wird dieser Ort als
"Spiegelhalle des ewigen Gedenkens" beschrieben. Oder im
Roman "Ein Augenblick der Ewigkeit" sind wir ein Sandkorn in
einer Wanderdüne.*)
Heute möchte ich das so erklären: Unser Lebenslauf ist
einmalig wie ein Schneeballwurf. Kein Schneeball (mit
normaler Konsistenz) kann zweimal geworfen werden und er

gerät irgendwann in Vergessenheit. Wenn er aber Spuren
hinterlassen hat, zum Beispiel eine Fensterscheibe
zertrümmert, dann wird man sich noch lange an das Ereignis
erinnern, damit gerät das Ereignis in die Geschichte, wird
berühmt...

Es bleibt zwar theoretisch möglich, dass alle heute in meinem
Körper versammelten Moleküle, Zellen und Organe
irgendwann einmal wieder ein Familientreffen veranstalten,
dann aber nur für einen winzigen Augenblick und ohne
Rückkopplung auf meine Eltern und Ahnen und ohne dieselben
Vorerlebnisse. Und ohne dieselben Fähigkeiten zu einer
individuellen Lebensgestaltung.

Dass genau all die Moleküle die vor 500 Jahren den linken Fuß
deiner Ur- Ur-…Oma bildeten heute deinen linken Fuß formen
und die Moleküle, welche damals den rechten Fuß deiner
Ahnin ausmachten, heute den rechten Fuß des Geliebten deiner
Schwester abbilden, oder deines ärgsten Feindes, ist zig-
milliardenfach höher, als dass jemals eine Wiedervereinigung
des Spermiums deines Vaters mit der Eizelle deiner Mutter
stattfindet, woraus du entstanden bist!

Dann kann ich bei einem zufälligen Zusammentreffen deiner
heutigen Bestandteile nicht von Wiedergeburt sprechen, und
auch nicht von Auferstehung des Leibes. –

Genauso wenig muss ein Urknall Galaxien in einen nicht
vorhandenen Raum hinausgeschleudert haben, aus einem
materielosen Nichts… und Leben erzeugen, um irgendwann
wieder von einem Finalsog verschlungen zu werden und nicht
ein Atom bevölkert das künftige Nichts!
Schlaue Wissenschaftler haben ja schon längst damit begonnen,
das Atom, als kleinstes Teilchen in weitere allerkleinste
Teilchen zu zerlegen, Fermionen, Quarks… und es wird nie ein

Ende geben.
Dabei war die Wahl des Atoms, zur kleinsten Materie Einheit
eine ganz passable Richtgröße für das Verständnis des Daseins.

Man hole sich das Modell der wabernden Ursuppe zur Hilfe;
dann würde diese das ganze unbegrenzte Universum ausfüllen.
Sie würde aus lauter Atomen bestehen, die ja wiederum als
kleinste Wirtschaftseinheiten (kleinstes unteilbares
Elementarteilchen) zu betrachten sind, Mutti Proton, Vater
Elektron und die Kinder Neutronen.
Die wohnen alle in einem geschützten Intimbereich. Den
harten Kern bildet das Proton (Mama). Um sie herum
schwirren auf einer oder mehreren imaginären Hüllen ein oder
mehrere Männer in gebührendem gegenseitigem Abstand.
Deswegen heißen diese Hüllen Elektronenschalen.
Wenn nur eine Frau und ein Mann zusammenleben, Proton +
Elektron, dann ist die Familie noch kinderlos und nennt sich
Wasserstoff. Wenn sich drei Frauen, Protonen, mit drei
Männern, Elektronen, zusammentun, erzeugen sie sogar vier
Kinder, Neutronen. In diesem Falle bekommen wir es mit
Lithium zu tun.
Je nachdem, wie viele Paare sich vereinigen, bekommen wir
verschiedene Elemente (Grundsubstanzen).
Der Sammelbegriff für die Familienmitglieder ist „Nukleonen“.
Wenn sich mehrere Familien zusammentun, dann erhalten wir
Moleküle. Und wenn ein Elektron aus einem Molekül ein
anderes Molekül besucht, dann entsteht eine andere chemische
Substanz.
Und das kann sich alles ununterbrochen in einer wabernden
Ursuppe abspielen. Auf diese Weise können sich auch
Klumpen (Galaxien) bilden und eine Evolution. Das braucht
nicht explosionsartig geschehen, lässt aber auch Planeten mit
Leben füllen und der allgegenwärtigen Mathematik mit Physik,
Chemie und Biologie, schwarze Löcher und Planetenbahnen
erklären und Raumfahrten planen…

Wir brauchen für unseren Überlebenskampf keine objektive,
allgemeingültige, absolute reine Wahrheit.
Die gibt es wahrscheinlich auch gar nicht.
Dafür dürfen wir uns ausgiebig mit relativen Wahrheiten
befassen, mit den Antworten auf die Fragewörter:
Was, wer hat / ist, warum, wozu, weshalb, wie, wieso, womit,
wann, wofür…

Hinsichtlich der religiösen Glaubensgemeinschaften und der
Befürworter eines Urknalls können wir unterstellen, dass es
eine Wahrheit ist, dass diese Gruppen vermuten, dass es eine
Schöpfung oder einen Anfang gegeben haben muss.
Hier liegt der Funke einer reinen Wahrheit lediglich in der
Tatsache dieser Annahme.

Egal ob Evolution, oder Schöpfergott, unsere Hoffnung auf ein
„Ewiges Leben" oder die Möglichkeit einer Wiedergeburt, die
Auferstehung des Leibes, bleibt eine schöne Illusion:
Wir werden nach unserem Ableben nie wieder Küssen oder
Lieben und dabei Körperzellen und Flüssigkeiten mit anderen
Menschen austauschen, aber unsere Einzelteile werden für
andere Lebewesen weiterverwendet.
Zwar gibt es Möglichkeiten, das Leben einzelner Individuen
mit aufwendiger Technik und Medizin künstlich über den
eigentlichen Sterbezeitpunkt hinaus zu verlängern, aber
dadurch wird nur der Lebenslauf, der ständige Austausch von
Körperzellen und Viren, Pilzen, Bakterien, nach dem
komplizierten (und für uns wahrscheinlich unlösbaren)
Algorithmus des Seins und der Lebendigkeit, eine Weile
fortgesetzt.
Unsere körperliche Vergänglichkeit wurde uns bereits mit
unserer Zeugung und Geburt in die Wiege gelegt, aber Leben
ist ja nicht nur ständiger Materialaustausch mit der Umwelt,
sondern auch Einwirkung auf unser Umfeld, Einflussnahme.

Wir nehmen unsere Umwelt wahr und nehmen am Geschehen
teil. Wir werden von der Umwelt wahrgenommen und
beeinflusst.
Wenn unser Lebenslauf seinen Endpunkt gefunden hat, dann
beeinflussen wir die Umwelt nicht mehr weiter und werden
nicht mehr wahrgenommen, wir geraten in Vergessenheit.
Aber das Wahrgenommenwerden ist ein Teil unseres Lebens,
der über unseren tatsächlichen Lebenslauf hinaus weiter
existieren kann:
In der Erinnerung unserer Kinder, Enkel und Freunde und in
Andenken bleibt dieser Teil von uns noch eine Weile „am
Leben".
Wenn wir es erreicht haben, dass wir während unseres Daseins
als lebendiger Mensch von mehr Menschen wahrgenommen
wurden als von unseren Verwandten und Bekannten und
unserem ständigem Umkreis, dann waren wir sogar berühmt.
Ruhm ist eine kleine Form des ewigen Lebens.
Deshalb streben einige Menschen nach Ruhm. Und leider sind
es dann nicht nur diejenigen Weltbürger, die wegen
herausragender Leistungen, guter Taten, (Erfindungen,
Entdeckungen, Maler und Bildhauer, Musiker und Sportler…)
Bekanntheit erlangen konnten, sondern auch solche, wie die
perverse Bestie aus Braunau und fanatische
Selbstmordattentäter…

Wenden wir uns also lieber dem **Jetzt** zu...
Ist alles in Ordnung?.. ist vielleicht was faul?

Eine verfälschte Wahrheit betrachte ich ja als Lüge.
Mit einer solchen werden wir täglich konfrontiert, wenn
uns Glauben gemacht wird, dass wir im Supermarkt günstiger

einkaufen als beim lokalen Metzger.

Wenn wir nur den Einkaufspreis alleine betrachten, dann bezahlen wir für das Schweinefilet im Discounter oder Supermarkt tatsächlich nur 7,99€ pro Kilo, während wir dafür beim örtlichen Fleischermeister ganze 10€ auf die Theke legen müssen.

Das suggeriert uns, dass der Einkauf im Supermarkt günstiger sei als bei Tante Emma. Und das ist nicht wahr!

Während der Verkaufspreis bei unserem Metzger bereits alle Kosten beinhaltet, die von der – meist tiergerechten - Aufzucht eines Schweins aus lokalem Zuchtbetrieb bis zur bratfertigen Übergabe meines Filets in meine Küche angefallen sind, muss ich auf den Abgabepreis beim Discounter noch die ganzen *umgelenkten* Kosten hinzurechnen. Der Einkauf im Supermarkt verursacht mir ja noch zusätzliche Kosten, die zwar mit dem „billigen" Filet in Zusammenhang zu bringen sind, von mir aber an andere Bezahlstellen entrichtet werden müssen und deswegen leider nicht auf meinem Kassenbon erscheinen.

Machen wir also mal eine faire Kostenaufstellung zum Vergleich:

Gesamtkosten für das Filet vom **Metzger:**
Kaufpreis inklusive Wegekosten   10,00Euro

Discounter oder Supermarkt:
Kaufpreis   7,99€
Wegekosten (Sprit, Abschreibung, KFZ- Steuer)   1,00€

Mein Infrastruktur Beitrag (anteilige Beiträge, Steuern, Abgaben…) für durch den zusätzlichen Bedarf an Parkplätzen, Zu - und Abwasserkanälen

und Energieversorgung entstandene Aufwendungen,
Verknappung von Bauplätzen
und dadurch entstandene Verteuerungen   1,50€

Kosten für zusätzliche Transporte und die Umwelt
belastende Verpackungen, Autobahnen
und Rastplätze, Unfälle und Staus, Lager,
Subventionen und steuerliche
Vergünstigungen für Transporte und Speditionen   1,20€

Durch mein Einkaufsverhalten habe ich den
Metzger in die Insolvenz getrieben und muss
jetzt seine Versorgung mitfinanzieren.   1,40€

Meine Unterstützung der Massentierhaltung und die
dadurch verursachten Transporte, Verkehrsunfälle,
Boden- und Grundwasservergiftungen,
Verpackungsmüll und die schlechtere Qualität und
damit verbundenen   Umweltschäden und
Gesundheitsschäden…   1,91€
                                                   ____
                                                    15,00€

Das ist natürlich nur grob geschätzt, aber die Tatsache, dass
die Vernichtung der örtlichen „Tante Emma" Läden und der
kleinen Handwerksbetriebe durch ein falsches Preisverständnis
und falsches Kaufverhalten uns Kunden eher schadet, als nützt,
ist eine Wahrheit…

Ich habe mich lange geweigert, in Supermärkten einzukaufen;
habe meinen Bedarf möglichst im örtlichen Einzelhandel und
beim lokalen Handwerk abgedeckt.
Da diese Familienbetriebe fast alle vom Markt verdrängt
wurden, bin ich heute leider auch oft gezwungen, in den
Großgeschäften einzukaufen und den Konsumwahn und

Wachstumswahn zu unterstützen, werde aber, wo immer es möglich ist, das Kleingewerbe und den kleineren landwirtschaftlichen Betrieb bevorzugen.

Denn gerade solche Viehzüchter sollten gefördert werden, die auf Massentierhaltung und Gülle Verseuchung der Böden verzichten…
Es sollten nur solche Betriebe gefördert werden, die ökologisch vernünftig wirtschaften. Und das können nur personalintensive mittelgroße und Kleinbetriebe, wenn ihre Kundschaft gerechte Preise bezahlt.

Jäger und Sammler brauchen kein Eigentum

Es ist eine Tatsache, dass wir Menschen, seit wir von den
Bäumen herabgestiegen sind (oder aus dem Garten Eden
vertrieben worden sind, wo wir als Jäger und Sammler unsere
Bedürfnisse stets direkt von der Hand in den Mund befriedigen
konnten) und begonnen haben, die Erde zu bevölkern und
allmählich sesshaft wurden, wirtschaften müssen, um unser
Überleben zu sichern.
Das ist dann auch mit einer angemessenen Vorratshaltung und
angepasster Vermögensbildung verbunden und einem
ökologisch vertretbaren Wirtschaftswachstum.

**Es ist aber auch eine Wahrheit – oder die höchste
Wahrscheinlichkeit -, dass das erdgebundene Wachstum
nicht über die Grenzen unseres blauen Planeten
hinausschießen kann!**

Dann ist es auch nicht wahr, dass wir weiterhin
Wirtschaftswachstum brauchen, wenn wir schon im Überfluss
leben können.
Das in unserer Industriegesellschaft stets geforderte
Wirtschaftswachstum dient nicht mehr vorrangig der
Bedürfnisbefriedigung der Bevölkerung, sondern allein der
Gier der sogenannten Kapitalanleger oder Investoren und deren
Helfern.
Das auf Konsumwahn und Verschwendung ausgerichtete
Wirtschafts- und Handelsgebaren in liberalen und
kapitalistischen Wirtschaftsgesellschaften dient alleine
denjenigen Kreisen, die sich mit unproduktiver Teilhabe, durch
reine Wertabschöpfung, an der Wertschöpfung der
Leistungsträger bereichern (zum Beispiel: Banken,
Immobilienmakler, Versicherungsvermittler, Investoren und
Lobbyisten).

Das schadet den Werktätigen, weil das Belohnungssystem ungerecht ist oder die anteiligen Entgelte falsch ermittelt und zugeordnet werden, weil stets das Kapital überproportional begünstigt wird und dadurch eine allgemeine Geldentwertung verursacht wird.
Denn die unlogischsten Vergütungsformen für erbrachte Leistung sind Zinsen und Provisionen.
 Wertabschöpfungen aufgrund von Vermittlungsdiensten und Handelsspannen bedürfen einer eingehenden Angemessenheitsüberprüfung!
Das wird an anderer Stelle, in dem Aufsatz „Das Paradoxon der Vermögensbildung" noch näher erläutert.

Immobilien

Grundstücke sind in jedem Staat auf das Staatsgebiet beschränkt und nicht vermehrbar.
 Demzufolge hat jeder Bürger und jede Bürgerin ursprünglich gleichen Anspruch auf das Nutzungsrecht am Grund und Boden, sowie an den Gewässern samt ihren Ufern und Stränden und an den Bodenschätzen, sowie am Luftraum, zur Sicherung seiner/ihrer Überlebenschancen.

 Atemluft, Wasser, Grundnahrungsmittel, Wohnungen, Alltagskleidung, Energieversorgung und eine allgemeine Schulbildung, sowie eine angemessene medizinische Versorgung dürfen keine Spekulationsobjekte sein, sondern sollten gemeinwirtschaftlich und ohne Gewinnabsicht betrieben werden und nur dem allgemeinen Versorgungszweck dienen..

Da nun in Deutschland (und in den anderen Industrienationen) die kleinbäuerliche Selbstversorgung der allgemeinen

Spezialisierung und Arbeitsteilung gewichen ist, wird die
zweckgebundene Nutzung von Grundstücken, Gewässern und
Bodenschätzen (zum Teil sogar auch der natürlichen
Vorkommen an Früchten, Wild und Fisch) privilegierten und
spezialisierten Mitbürger/inne/n oder Gesellschaften
übertragen, die im Gegenzug dazu verpflichtet sind, gegen
entsprechende Belohnung, der Volksgemeinschaft die Früchte
dieser Nutzungsrechte abzuliefern, unter Einbehaltung eines
angemessenen Eigenbedarfs.
Es sollte selbstverständlich sein, dass Grundbesitz nur solange
in Privathand sein darf, wie er zweckgebunden, zum Nutzen
aller, zugesprochen wurde. Logischerweise dürfte Grundbesitz
niemals in Zweck ungebundenes Privateigentum übergehen,
wenn dadurch nutzbares Ackerland oder andere, für die
Versorgung der Gemeinschaft notwendige Nutzflächen
verloren gehen.

Aber seitdem die überwiegende Mehrheit der Menschheit vom
Nomadentum in sesshafte Kulturen gewechselt ist (und/oder
das Matriarchat vom Patriarchat abgelöst wurde) und die
Stammesführer durch Könige oder andere Herrscher/innen
ersetzt wurden, hat sich ein total widernatürliches
Anspruchsdenken bezüglich Besitz und Eigentum am
Grundvermögen der Erde herausgebildet.

Die biblische Aufforderung „Macht euch die Erde untertan"
wurde dazu missbraucht, dass dem angeblich von Gott
eingesetzten König (und der Kirche) automatisch die
Ländereien seines (ihres) Herrschaftsgebietes übereignet
waren, welche er (sie) nach seinem (ihrem) eigenen Gutdünken
an die ihm (ihr) unterstehenden Günstlinge aufteilen, verleihen
oder verschenken konnte. In der Regel wurden sogenannte
Lehen vergeben, womit sich eine Lehensherrschaft entwickelte.
So entstanden die ersten Großgrundbesitzer.
Der Grundbesitz war das ursprünglichste „Grundkapital"

(außer Werkzeugen und Waffen) mit welchem man Vermögen bilden konnte, durch die Wertschöpfung aus der Landwirtschaft, der Waldwirtschaft und aus der Fischerei oder aus der Nutzung von Bodenschätzen..

Die willkürlich von der Obrigkeit beschenkten Grundbesitzer durften die bisherigen freien Besitzer oder Nutzer der Allmende enteignen, also von einem natürlichen Gemeinbesitz, von ihren seit Generationen bearbeiteten Feldern verjagen und zu unfreien Knechten „versklaven" indem einigen der ehemaligen Kleinbauern das Land, gegen unverschämte Abgabelasten, zurück verpachtet wurde und die anderen ihren Lebensunterhalt mit Frondiensten oder Hilfsarbeiten verdienen mussten..
Die neuen „Grundeigentümer" oder "Feudalherren" konnten ihre Pachteinnahmen dazu verwenden, sich selbst zu bereichern und ihrem Dienstherrn, dem König, mit den vom Volk erpressten Sachleistungen einen Beitrag zur Vermögensbildung und Unterhalt seines verschwenderischen Regierungsstiels abzuführen.
Viele der "Enteigneten und Entmachteten" ehemals freien Kleinbauern oder Gärtner, litten unter dem Feudalismus und wollten sich diesem entziehen, indem sie in die Städte abwanderten, in der Hoffnung im Bürgertum mehr Gerechtigkeit zu finden, und Broterwerb in Handel und Handwerk, oder "Sozialhilfe"erhalten, nach dem biblischen Gebot (1.Mose,1,27) wonach kein "gottgleicher" Mensch Untertan eines anderen Menschen sein darf und Armut leiden muss...
Das war in den Kulturkreisen, die auf die Thora oder Bibel gründen aber auch die Geburt der Armuts- Reichtums-Schere. Der Tauschhandel wurde (vermehrt seit dem 17. Jahrhundert) durch die Geld- und Kreditwirtschaft verdrängt und im 19. Jahrhundert durch die Industrialisierung nahezu abgeschafft. Wer es nicht rechtzeitig geschafft hatte, für sich und seine

Erben ein gewisses Grundvermögen anzuhäufen, treibt
innerhalb einer liberal sozialen, globalisierten Marktwirtschaft
auf der Armuts- Reichtums - Schere unweigerlich nach außen.
Mit dem Fortschritt der Digitalisierung wird sich dieser Trend
wohl kaum aufhalten lassen, solange wir keine Maßnahmen zur
Reglementierung von Einkommen und Vermögensbildung
treffen (z.B. das Patentrecht und Erbrecht reformieren und eine
Höchstgrenze für Privatvermögen festlegen.)...

Sämtliche Schlösser, Kunstschätze und Ländereien, die sich
heute noch im Privatbesitz des Adels, der Regentinnen und
Diktatoren befinden, sind ursprünglich unseren Vorfahren
unrechtmäßig von deren Vorfahren auf mehr oder weniger
kriminelle oder hoheitliche, angeblich gottgefällige,
Handlungsweise entzogen worden und müssten der
Volksgemeinschaft zurückgegeben werden.
In unserer demokratischen Gesellschaft muss der Präsident die
Präsidentenvilla samt Inventar verlassen, sobald er seiner
Repräsentationsaufgaben entledigt ist.
Dass Adelsprädikate und Regierungsämter in manchen
hochentwickelten Staaten heute noch vererbbar sind und sich
die sogenannten Untertanen dabei noch wohlfühlen und die
Posteninhaber sogar verehren, wirft einen Schatten auf das
Rechtsempfinden dieser Menschen.
Sämtliche Besitztümer des Hochadels, des Adels und aller
Regenten sind ursprünglich eigentlich Eigentum der von ihnen
vertretenen Volksgemeinschaft und sind dieser wieder
zurückzugeben, wenn der Regierungs- oder
Repräsentationsauftrag erloschen ist, oder einem neu
gewählten Nachfolger zu überlassen. Selbstverständlich muss
eine lebenslange, angemessene Rente gewährt werden, die aber
nicht vererbbar sein darf…

Nun aber zum Paradoxon der Vermögensbildung:

Das Paradoxon der Vermögensbildung

Wenn wir mehr Waren, Dienstleistungen und Immobilien
(oder Ansprüche in Form von Patenten oder Urheberrechten,
Schuldscheinen, Urkunden oder Versprechungen, Pfändern
oder Bar-Geld) ansammeln, als wir zur unmittelbaren
Befriedigung unserer Bedürfnisse benötigen, bilden wir
Rücklagen oder „Vermögen" – d.h. wir erwerben die Macht,
selbstherrlich über bestimmte Güter und Dienstleistungen
verfügen zu dürfen.

*Damit entziehen wir anderen Individuen das Zugriffsrecht und
Nutzungsrecht an diesen Sachen.*

Die Vereinnahmung von Vermögenswerten stellt grundsätzlich
die Wegnahme der Verfügungsgewalt anderer
Nutzungsinteressenten dar.
Vermögensbildung an sich ist Vorsorge zur Zukunftssicherung,
also in erster Linie die Anhäufung von Vorräten oder
Tauschgegenständen und/oder Ansprüchen auf Renten...

Neben der Vorratshaltung kann die Vermögensbildung aber
auch dazu dienen, den eigenen Wohlstand über das notwendige
Maß hinaus zu erhöhen, die Lebensqualität zu verbessern.

Solange das in dem Maß geschieht, wie wir diese „Rücklagen"
später, tatsächlich oder wahrscheinlich, zur Sicherung unseres
eigenen Lebensunterhalts und der Anspruchserfüllung an ein
unserem Kulturkreis entsprechendes „menschenwürdiges"
Leben verbrauchen (können), ist das vor den Mitmenschen
vertretbar.
 Es ist darum auch völlig in Ordnung, wenn sich

unterschiedliche Leistungen oder Sparbereitschaft maßgerecht
in unterschiedlichen Lebens - und - Vermögensverhältnissen
widerspiegeln.
Die Gesamtheit eines Vermögens wird in der Regel in einem
Geldbetrag (mit der Kaufkraft zum Zeitpunkt der Bewertung)
bezeichnet; je höher dieser beziffert ist, als umso reicher gilt
der/die Vermögenseigner/in.
 Vermögen, das nicht dem Eigenbedarf dient und geeignet ist,
zur Produktion von Gütern eingesetzt zu werden oder
(irgendwelche) Erträge zu erwirtschaften - das „Zinsen,
Mieten, Pacht...“ einträgt - nennen wir Kapital.
Die Kapitaleigner (Kapitalisten) unterscheiden sich von den
Reichen dadurch, dass sie ihre Besitztümer zum Zwecke der
weiteren Vermögensanhäufung einsetzen.

Zinsen, Mieten und Pachteinnahmen sind aber keine
Wertschöpfung, sondern reine **Wertabschöpfung**, also die
schmarotzerhafte Teilhabe an der produktiven Arbeit anderer,
deren Legalität zu hinterfragen ist.

Da Vermögen immer mit Verfügungsgewalt gekoppelt ist, darin
also Macht gebunden ist, bedeutet die Vermögensbildung
gleichzeitig einen entsprechenden Machtzuwachs.

(und damit auch die gleichzeitige Entmachtung anderer).

**Um einer daraus entstehenden Willkür Einhalt zu gebieten,
ist das Eigentum mit einer Verpflichtung gegenüber der
Gesellschaft verbunden.**
Leider werden diese Verpflichtungen in unserem Grundgesetz
nicht präzisiert.
Streng genommen sind die Reichen Schuld, wenn auf dieser
Welt ein Mensch verhungert; oder erfriert, weil dem
Verhungerten oder Erfrorenen wegen deren Eigentumsrechten
die Möglichkeit entzogen war, sich mit notwendigen

Lebensmitteln oder Wetterschutzgegenständen oder
Unterschlupf zu versorgen. Deswegen darf Mundraub oder
"unerlaubte" Inanspruchnahme von akut überlebenswichtigen
Sachen und die vorübergehende Benutzung von leerstehenden
Wohnungen nicht strafbar sein!

Wenn aus reiner Gier eine Vermögensanhäufung, trickreich zu
Lasten anderer, durch Betrug oder Zinswucher, zweifelhafte
(oftmals erpresserische) Spekulationen und unverschämte
Vermittlungsprovisionen oder Handelsaufschlägen erfolgt, ist
das eigentlich „ungerechtfertigte Bereicherung", weil sie im
selben Maße einer überhöhten Entmachtung der
Benachteiligten (Kunden, Vertragspartner/innen) entspricht.
Denn mit dem Entzug der Verfügungsgewalt über den Besitz
reißen die Spekulanten gleichzeitig auch die darin enthaltene
Macht und Energie an sich; schränken damit die persönliche
Entfaltungsmöglichkeit der „Verlierer" und die davon
abhängige politische Willensdurchsetzung ein.-
Wo sich das meiste Kapital befindet, da liegt auch die höchste
Macht in einer Gesellschaft, was zur Folge hat, dass die
politische Macht in jeder Gesellschaft grundsätzlich von den
Kapitaleignern ausgeübt wird; wenn auch (meistens) nur
mittelbar, weil sie wesentlich mehr Einfluss auf die
Regierungsmitglieder haben, als das mittellose Wahlvolk,
oder/und, weil sie deren Meinungsbildung nach Gutdünken
manipulieren können - durch Einsatz ihrer Vermögens
bedingten vielfältigen Möglichkeiten (wie Knebelung der
Medien, Sponsoring von Gutachten oder Forschungsprojekten
und die Wahrnehmung entsprechender Zensurvorbehalte vor
deren Veröffentlichung, aggressive und die Wahrheit
verfälschende Werbung, direkte Bestechung - und so weiter).
Deshalb mutieren selbst demokratisch – gewollte!-
Gesellschaften automatisch zu Scheindemokratien in denen
das Diktat des Kapitals herrscht. –
 Die Benachteiligten werden versuchen, ihre (durch die

Kapitalisten verursachten) „Inflationsverluste" wieder
auszugleichen, indem sie mehr physikalische Arbeit - Energie -
investieren, oder, indem sie künftig einen höheren finanziellen
(ökonomischen) Gegenwert für ihre Leistung verlangen.

Die geringste Form der Vermögensbildung – oder
Bestandserhaltung -, der Sparvertrag, hat ursprünglich eine
reine „Rücklagenfunktion", also nur den Zweck, die Kaufkraft
des zurückgelegten Geldes (die unbeschädigte Rückgabe oder
Einlösung des „Pfandes") zu erhalten, den sogenannten
Inflationsausgleich zu bewirken.

Im Teil 2 dieses Buches wird der Inflationsbegriff ausführlicher
beschrieben, hier soll nur das Wesen der Geldentwertung durch
Geldinstitute behandelt werden:

Wie entsteht die durch Geldinstitute erzeugte Inflation?

Die Banken üben einen starken Einfluss auf den
Kaufkraftschwund aus, indem sie „Kaufkraft ohne Gegenwert"
ausgeben; und weil sie sich bei den Transaktionen (den
einfachen Umbuchungsvorgängen) jeweils einen –
unangemessen hohen - Anteil (Gebühren und Zinsen …) aus
dem Vermögen ihrer Anleger und Kunden abzweigen, was
eine allgemeine Verteuerung des Dienstleistungs- und
Warenangebotes nach sich zieht.
Das will ich an einem ganz einfachen Beispiel erläutern:

Arbeiter A putzt in einer Stunde 20qm Fensterfläche; dafür
erhält er 10 €, wofür er sich 10 Flaschen Bier kaufen könnte.
A braucht aber kein Bier, er trägt das Geld auf ein Sparkonto,
weil das Geldinstitut ihm vorgeflunkert hat, dass er sein Geld
„arbeiten" lassen kann; er kann damit angeblich seinen
Stundenlohn um 2% aufbessern.
Der erkrankte Kollege B möchte sich 10 Flaschen Bier kaufen

und leiht sich dafür die 10 € welche A der Bank „in Obhut"
gegeben hat.

Für diese Weitergabe fremden Geldes berechnet die Bank 10%
Zinsen p/a; nach einem Jahr muss B dem Institut also 11€
zurückbezahlen, was einem Gegenwert von 11 Flaschen Bier
entspricht; er muss für die 10 Flaschen Bier jetzt 10% (6 Min.)
länger arbeiten, was eine Schmälerung seines Stundenlohnes
bedeutet, oder eine Inflation von 10%.

In diesem Falle hat ursprünglich Arbeiter A (durch Investition
seines Körperschweißes, also durch Kalorienverbrauch =
Energieverlagerung) ein Vermögen von 10 Flaschen Bier
erschaffen, das hat er der Bank zur Aufbewahrung überlassen;
diese hat es an B weiterverliehen, unter der Bedingung, dass
dieser ihr nach einem Jahr den Gegenwert von 11 Fl. Bier
zurückgibt. Die Bank nutzt also die „Notlage" des B, um sich -
ohne eigenen Kalorienverbrauch, allein durch die Weitergabe
fremden Geldes - den Vermögenswert einer Fl. Bier
anzueignen, was so gedeutet werden könnte, dass B für das
„Entgegenkommen" der Bank, dieser gegenüber 6 Min
Sklavenarbeit verrichten muss (wovon sie 1,2 Min an A
weitergibt).

 Selbstverständlich wird B nun versuchen, sich diesen
Mehraufwand von anderer Seite hereinzuholen, d.h. er wird
von seinen Kunden in Zukunft 11 € für 20qm Fensterfläche
putzen berechnen! Und so kommt die Inflation richtig ins
Rollen!

Das macht aber nur einen kleinen Anteil der Bank
verschuldeten Inflation aus; die Geldinstitute verleihen ja nicht
nur tatsächlich eingezahlte Gelder, sondern sie spekulieren mit
ständigen Einzahlungen und erlauben es sich, auf Verdacht, ein
Vielfaches ihres Bestandes (mittels buchungstechnischer
Schöpfung von „ungedecktem" Giralgeld) gewinnbringend
auszuborgen.

Inzwischen wird ja kaum noch tatsächlich Geld bewegt,
sondern die imaginäre Geldschöpfung durch Banken geschieht

durch reine Buchungsvorgänge.

Die Geldhäuser können mit überhaupt nicht vorhandenem Geld spekulieren, sich aus imaginären Werten bereichern! Wieso das so "In Umlauf gebrachte Scheingeld" nicht so geahndet wird, wie Falschgeld, entzieht sich meiner Logik des Geldes.

siehe auch "unser Geld" ab Seite 85.

Wenn diese Praxis legalisiert ist, sollten mindestens die Einkünfte aus Kapitalanlagen wesentlich höher besteuert werden, als die Arbeitslöhne.

Solange wir die Banken noch brauchen - als Verschiebebahnhöfe für die Zahlungsströme, als Ausgleichsstellen für die gegenseitigen monetarisierten (in Geldwert ausgedrückten) Ansprüche und Verpflichtungen – sollten wir einen Weg finden, die Entgelte für die Dienstleistungen der Geldinstitute „leistungsgerecht" bzw. aufwandsgerecht, angemessen an den Wert der logistischen Dienstleistung und der sicheren „Verwahrung" zu ermitteln. (Die heute stets unangemessenen Leistungsentgelte in Form von Zinsen sind jedenfalls der Kunden feindlichste Weg - und Ausdruck von Machtmissbrauch seitens der Bankmanager).

Diese Aussage mögen die Leser/innen unterschiedlich bewerten; aber sie werden in jedem Falle die Einsicht gewinnen, dass es sich mit dem Vermögen genauso verhält, wie mit der Energie.

B muss nämlich nach der Einschaltung der Bank - die 10% der ursprünglichen Leistung schluckt - 10% mehr Arbeitskraft (Energie) aufwenden, um in den Genuss von 10 Fl. Bier zu kommen.

Ein einleuchtendes Beispiel für „Vermögensbildung" durch Energieumwandlung soll folgendes sein:
Ein Bergmann fördert Steinkohle zu Tage; er tauscht dabei

praktisch seinen Körperschweiß (vernichtet körpereigene
Kalorien /Energie) gegen das schwarze Gold (in welchem
Heizenergie gespeichert ist) und legt dieses auf Halde, macht
also „Kohle"- bildet Vermögen. Einen Teil davon holt sich der
Fiskus, einen weiteren wird der „Wertschöpfer" im eigenen
Herd verheizen; den Rest verkauft er und wandelt ihn um in
Lebensmittel (um seinen Kalorienverbrauch auszugleichen);
in Theaterbesuche (um den Schauspielern ihren Energiebedarf
zu finanzieren) und – wenn er sehr fleißig war – auch noch in
eine Luxuslimousine (um die Energie zehrenden Arbeitsplätze
in der Autofabrik zu sichern und die im Benzin enthaltene
Heizenergie in kinetische Energie umzuwandeln) ...
Im Vermögen lagert immer eine bestimmte Energiemenge oder
Energieform (wie Wärme - elektrische - kinetische – potentielle
Energie.) und es kann nicht beliebig vermehrt werden; selbst
die intellektuelle „Wertschöpfung" entspringt und endet stets in
endlicher – messbarer – Energie.
(Modernisierungen, Erfindungen und Entdeckungen haben
stets zur Folge, dass alte Produktionsanlagen verschrottet und
herkömmliche Arbeitsplätze vernichtet werden.
Wenn dadurch auch wieder ein paar neue Beschäftigungsstellen
geschaffen werden, führen solche Fortschritte stets zu
Vermögensumwandlungen und Verlagerungen dergestalt, dass
sich auf Seiten der Kapitaleigner und Modernisierer oder
Patentinhaber relativ zur Arbeitnehmerschaft mehr Vermögen
anhäuft.
 Wer das Monopoly Spiel kennt, weiß dass das
Gesamtvermögen zwischen Spielern und Kasse immer konstant
bleibt, (weder die aufgeführten Immobilien, noch der
Geldbestand vermehren sich während des Spiels, lediglich die
Besitzverhältnisse der einzelnen Mitspieler verändern sich).
Mit dem Energiedepot unseres Planeten ist es nicht anders.
(Dabei ist es fraglich, ob die „Bodenschätze" wirklich allein
den Bewohnern über den Lagerstätten gehören dürfen, oder ob
alleine die Entdeckung einen Eigentumsanspruch begründet).

Jede Vermögensmenge ist Verfügungsgewalt über deren
Energiegehalt, dieser sollte eigentlich der wahre Maßstab für
das Vermögen sein.
Vermögen kann nur verwandelt, oder verlagert, werden.
Anlagevermögen kann in Umlaufvermögen, „stilles Vermögen"
in Anlagevermögen umgewandelt werden. Die Summe des
Vermögens dieser Welt (als geschlossenes System) kann nicht
verändert werden, lediglich ihre Verteilung und Art! (unter der
Annahme, dass wir aus dem All – einschl. Sonnenenergie –
etwa ebenso viele Substanzen empfangen, wie wir an den
Weltraum abgeben; vielleicht ist es sogar schädlich, wenn wir
mehr Sonnenenergie horten, als durch natürliche Abstrahlung
entweicht).
Der physikalische „Energieerhaltungssatz" gilt somit
gleichermaßen für das Vermögen.

**„Neues Vermögen" kann nur geschaffen werden, wenn
dafür andere Vermögen vernichtet oder um bewertet
werden:**
Zum Beispiel schaffen wir Weideland, indem wir Urwälder und
deren gesunde Populationen vernichten (dabei wandeln wir
„Lebensenergie" in kalorienreichen Bauchspeck um); wir
bauen einen Supermarkt an den Stadtrand und vernichten dafür
alle „Tante Emma Läden" im Ortskern; wir wandeln unsere
schönen Gemüsegärten in sterile Rasenflächen um, wofür wir
zusätzliche Arbeitsstunden aufwenden müssen, um uns einen
Rasenmäher kaufen zu können, womit wir unsere Nachbarn
nerven können und unseren Küchenherd schonen, weil wir
lieber industrielle Fertiggerichte konsumieren wollen (wir
vernichten also eigentlich unseren Nutzgarten und das gute
Nachbarschaftsverhältnis, um Vermögensteile an Rasenmäher
Händler und Lebensmittel Konzerne zu übertragen); wir
entnehmen vorzeitig die in unseren Muskeln gespeicherte
Energie, um sie durch Ableistung von Überstunden am
Fließband   in die Neuanschaffung eines Autos zu investieren

(obwohl das Alte noch einwandfrei funktioniert, nun aber vorzeitig - als Schrott - in die „stillen – vielleicht nie mehr verwendbaren - Reserven" zurückgeführt wird).

Selbst wenn wir – um unseren Wachstumswahn und unsere Verschwendungssucht zu befriedigen – unseren Enkeln wertvolle Ressourcen klauen, können wir nicht von „Wertschöpfung" sprechen, sondern von „Raffen" (wir verkürzen – raffen – lediglich die Zeit des Energieumwandelns von der Enkelgeneration in die heutige Zeit). Dadurch erreichen wir momentan tatsächlich „Wirtschaftswachstum" und Vollbeschäftigung.

Davon profitieren die Kapitalisten, die Investoren und Großspekulanten wahrlich, aber die werktätige Bevölkerung, die eigentlichen Wertschöpfer/innen, haben recht wenig davon, weil diese „Frontarbeiter/innen" immer mehr Freizeit opfern müssen, um ihre Überlebenschancen zu sichern und dem auferlegten Konsumzwang nachkommen zu können.

Deren „Wertschöpfung" fließt zum größten Teil in den Vermögensstock der Geld- und Machtgierigen, der Wachstumsfanatiker (Das Wachstum an Wirtschaftsgütern erzeugt gleichfalls einen entsprechend großen Abfallberg / Schrotthaufen.

Was nicht recycelt wird, geht in „stillem Vermögen" unter und wird nachfolgenden Generationen Schwierigkeiten bereiten; jawohl, nach uns die Sintflut…).

Auf eine einfache Formel gebracht kann Wirtschaftswachstum folgendermaßen definiert werden:

„Wirtschaftswachstum ist, wenn die Vermögensbildung der Produktivkräfte dem Kapital zufließt. Man erreicht es durch Verschwendungszwang, der alleine dazu dient, die Reichen immer reicher zu machen, was leider immer zu Lasten der Armen geht, die demzufolge immer noch ärmer werden."

In diesem Zusammenhang sei darauf hingewiesen, dass die Behauptung irreführend ist, dass wir Wirtschaftswachstum brauchen, um Arbeitsplätze zu sichern (oder vielmehr Ersatz zu schaffen, für die Posten, die wegen Rationalisierungsmaßnahmen untergegangen oder zur Profit Steigerung und Verlagerung eventueller Umweltschäden in ein Billiglohnland ausgelagert worden sind, wodurch auf die „Zurückgebliebenen" noch unnötige Gemeinkosten zukommen, die wegen des vermehrten Transportaufwandes entstehen).

 Das wahre Problem ist die gerechte Verteilung der, nach Rationalisierungsmaßnahmen, noch   vorhandenen Arbeit auf die arbeitswilligen und arbeitsfähigen Bürger /innen.

 Dann würden die Vorteile (Gewinne) aus „Produktionsvereinfachungen" auch der arbeitenden Bevölkerungsschicht nützen (z.B. durch Arbeitszeitverkürzung bei vollem Lohnerhalt) und nicht alleine den Kapitaleignern oder Investoren zufließen.

 Wirtschaftswachstum dient also nicht der Versorgung der wahren Leistungsträger einer Gesellschaft, sondern alleine der Profit Mehrung der Spekulanten und Unternehmer!

Das Wirtschaftswachstum stößt dann an seine Grenzen, wenn die Kapitaleigner die Produktivkräfte und die Ressourcen soweit ausgebeutet haben, dass diese keine weitere „Wertschöpfung" mehr gewährleisten können, womit den Werktätigen eine Vermögensbildung ausgeschlossen bleibt.

Deswegen sollten Industrieunternehmen verpflichtet werden, von den jährlichen Gewinnen zuerst ihren Mitarbeitern Gewinnanteile zu vergüten, bevor ihre Investoren überhöhte Schmarotzervergütungen erhalten. …

Kritische Randbemerkung: Die begrenzte Verfügbarkeit der irdischen Ressourcen könnte vielleicht einmal durch die Nutzung von Wind, Sonnenenergie, Wasserkraft und Materialimporten aus dem Weltraum relativiert werden...
Einer daraus möglichen Vermögensbildung stehen aber die dadurch erzeugten Abwertungen bisheriger (fossile Brennstoffe

und nutzlos gewordene Rohstoffe,..) gegenüber.

Angesichts dieser Einsicht wollen wir Minderbemittelten der
Verarmung entgegensteuern indem wir auch Vermögen
anhäufen wollen, indem wir es den „Großen" gleichtun,…
 Wir kaufen eine Aktie für 1000€ einer Immobilienfirma die
Studentenwohnungen baut.
Nach einem Jahr freuen wir uns über 50€ „Gewinn", müssen
aber hinnehmen, dass unsere Tochter, wegen Abriss der alten
Anlage in den Neubau ziehen muss, wo die Monatsmiete 50€
teurer ist.
Wir finanzieren unsern „50€ Gewinn" also mit 600€
Mehrkosten jährlich, solange unsere Tochter studiert.

Wenn wir also wirklich eine Rendite aus der
Immobilienbeteiligung erzielen wollen, müssen wir erst einmal
malochen, damit wir mindestens 13 Aktien erwerben können.
Je mehr Anteile ich besitze, umso höher meine Rendite.

Und genau auf diese Weise sind wir   – in Deutschland seit
unserem „Wirtschaftswunder" - zu angeblich mehr Wohlstand
gekommen; weil Nichtkapitalisten ihren Wohlstand nur durch
Mehrarbeit erhöhen können, was andererseits die Lebensqulität
vermindert!
Heute sind für die Bestreitung eines Familienhaushaltes
mindestens 80 Wochenarbeitsstunden notwendig,während in
den 50igern des 20. Jahrhunderts noch der Verdienst aus 40-48
Wochenstunden genügte. Damals reichte zum Leben ein
Einkommen pro Familie, heute brauchen wir mindestens zwei
Verdienste.

Kleinanleger schaden sich nur selber, sie finanzieren immer
ihre eigenen „Ausbeuter"! Kleinanleger verhalten sich wie ein
Kollektiv von Kleinvieh, das seinem Metzger selbst das
Schlachtmesser hinreicht.

Kleinanleger finanzieren oft die Produktion von neuen Gütern, die dann merklich teurer sind, als die entsprechende, dafür nun vom Markt genommene Ware.

Das ist auch einer der wesentlichen Gründe dafür, dass die Reichen immer reicher werden und die Armen immer ärmer! Denn Zinsen und Spekulationsgewinne sind ja keine Einkünfte aus Wertschöpfungen, sondern reine Wer*tab*schöpfungen, die letztendlich von der breiten Masse der Konsumenten finanziert werden.

 Wenn ich zum Beispiel 10.000€ in Aktien oder Fonds anlege, für die ich nach einem Jahr meinetwegen 750€ „Gewinnanteile" erhalte, habe ich vielleicht eine Ferienanlage mitfinanziert, für die ein zufriedenes, naturverbundenes, Volk aus seiner Heimat vertrieben wurde und knappe Wasservorräte für Swimmingpools zweckentfremdet wurden. Dafür muss ich dann auch noch die erforderlichen Infrastruktur Maßnahmen über den Steuertopf meines Finanzministers bezahlen, womit meine 750€ Gewinn wieder futsch sind!

Oder, mit meinem Geld wurden Windkraftanlagen realisiert, für deren Bau und Betrieb den Investoren auf 20 Jahre 8% p.a.Verzinsung zugesagt wurde; solange bei uns aber noch nicht genügend Speichermöglichkeit für die erzeugte Energie vorhanden ist, muss der Strom, der ja leider oft erzeugt wird, wenn wir ihn gerade nicht gebrauchen können, an Nachbarstaaten verschenkt werden (damit unsere Leitungen nicht durchschmoren) und wir kaufen dann, wenn wir tatsächlich Bedarf haben und im Windpark Flaute herrscht, teuren Atomstrom von den Beschenkten zurück! Was habe ich da also gewonnen? Nix! im Gegenteil, weil den Investoren die versprochenen Zinsen entrichtet werden müssen, wird meine Dorfstraße nicht repariert oder ich muss Anliegerbeiträge löhnen und eine Erhöhung der Grundsteuer und der Strompreise hinnehmen; außerdem verursacht die Produktion und das Aufstellen von den Anlagen zunächst wohl auch mehr Ressourcenverbrauch und Umweltbelastung als die bisherigen

Energieerzeuger und diese Anlagen müssen ja auch einmal umweltbelastend entsorgt werden!
Warum kann man den Stromüberschuss nicht in Anlagen zur Wasserstoffgewinnung leiten, statt ihn zu verschenken?...

Oder, ich lege mein Geld in Beteiligungen, Aktien oder Genussscheinen an, erhalte nach einem Jahr einen Kapitalzuwachs von 1000€, muss aber meinen, noch völlig intakten Diesel, der noch gut 5 Jahre seinen Dienst tun würde, zugunsten der E-Mobilität verschrotten, was einer Ressourcen Verschwendung gleichkommt, die mich 10.000€ kostet und den allgemeinen Entsorgungsaufwand erhöht.

Zugegeben; das sind konstruierte Beispiele, aber im Prinzip ist es leider so, dass Vermögensbildungen aus Kapitalanlagen immer Folgekosten verursachen, die wir Kleinanleger nicht wahrnehmen, die aber immer höher ausfallen, als die Gewinne aus Kleinanlagen, während sie bei den Großinvestoren, ab einer gewissen Grenze, nämlich ab der Höhe der anteiligen Folgekosten, die von den getroffenen Maßnahmen abhängen, positiv zu Buche schlagen.

Es ist keine direkte Lüge, wenn die Geldinstitute uns vor flunkern, dass wir mehr Dividenden aus Geldanlagen in Fonds erzielen, als wenn wir unsere liquiden Mittel auf dem Girokonto parken. Aber sie verschweigen, dass die Gewinne aus den Fonds eigentlich nichts anderes sind, als Zinserträge aus Maßnahmen/Anlagen, die wir finanziert haben und die uns dadurch weitere Kosten erzeugen; zum Beispiel für die Bezahlung von Subventionen aus Steuermitteln, oder zur Bereitstellung neuer Infrastrukturmaßnahmen, oder für die Alimentation der von diesen Maßnahmen betroffenen Arbeitslosen. *(vielleicht haben wir eine Fleischfabrik finanziert und dadurch unsere örtlichen Metzger in die Insolvenz geschickt, für deren Unterhalt wir nun auch noch bezahlen!).*

Unkritische Bürger sehen leider nur die Dividenden und verschließen, wegen unserer Neigung zur selektiven Wahrnehmung, die Augen vor den Folgen aus unseren „Geldanlagen"; sie bringen die Modernisierungs- und Rationalisierungsfolgen (z.B. Arbeitslosigkeit und höhere Umweltbelastung....) nicht in Zusammenhang mit ihren – verhältnismäßig niedrigen - Zinserträgen.

Die wirklichen Gewinner sind stets die großen Spekulanten, diejenigen, die es verstehen, das produktive „Fußvolk" (die eigentlichen Leistungsträger) zu täuschen. Spekulanten sind diejenigen Mitbürger/innen, die es verstehen, ohne selber Werte zu schaffen, sich Vermögensanteile von produktiven Menschen abzuzwacken – also die vom Arbeiter investierte Energie in Spekulationsgewinne umzuwandeln. Spekulanten partizipieren schmarotzerhaft an den Leistungen der Produktiven. – Gewinnerzielung und Vermögensbildung ist immer ein Angriff auf das Vermögen (oder die Wertschöpfung) anderer Menschen.

Dass sich der Irrglaube, dass Geld arbeiten kann, weltweit verbreiten konnte, liegt wohl an der Neigung der Menschen zur selektiven Wahrnehmung und zur Bequemlichkeit und dem Hang, Ansichten anderer unkritisch zu übernehmen.

Deswegen konnte diese unlogische "Investitionspraxis" sich global durchsetzen statt sie zu ächten.

Des einen Gewinn ist immer eines anderen (bzw. Anderer) Verlust!

Ein bescheidenes Vermögen kann man nur anhäufen, indem man – unter Konsumverzicht - spart oder Überproduktion betreibt.

Zu großem Vermögen kommt man aber nur, wenn man es seinen Mitmenschen abspenstig macht; das geschieht meistens

durch Raub, Raubmord und Erbschleicherei, Betrug oder List;
in seltenen Fällen durch sogenannte „Gewinne" aus
Glücksspielen oder unverschämt hohen Gagen" und der
Vermarktung von „Ideen," (Erfindungen, Entdeckungen,
Patenten u.s.w.) was hinsichtlich seiner zulässigen Bewertung
kritisch zu hinterfragen ist, denn die Vorkenntnisse, die
Voraussetzung für die Entwicklung des Patents wurden ja von
den Konsumenten oder Steuerzahlern finanziert.-

Erben von Gütern, Schlössern, Bankhäusern und Fabriken
genießen heute ja hauptsächlich die Folgen der damaligen
Vermögensbildung aus Übervorteilungen oder Betrügereien
(teils auch aus, nach heutigem Maßstab, kriminellen
Machenschaften wie Korruption, Raub, Raubmord,
Bestechung, Sklaverei und vielem mehr) seitens ihrer
Vorfahren und Willkür der Obrigkeit und der Kirche aus
vordemokratischen Zeiten und sollten eigentlich verpflichtet
werden, denjenigen Vermögensanteil der Allgemeinheit
zurückzugeben, der über die eigenen Ansprüche für einen
durchschnittlichen Lebensstandard hinausgeht.

Geschichtsprofessoren könnten nützliche Doktorarbeiten
vergeben, zur Erstellung von Informationstafeln für Burgen,
Schlösser und Sakralbauten, aus denen neben den Namen der
Bauherren und dem Erstellungsdatum auch ersichtlich ist, wer
den Bau genehmigt hat, ‚mit welchen Mitteln er finanziert
wurde und wie viele Menschenopfer er gefordert hat.
Ähnliche Angaben wären bei den Chroniken der Banken und
Fabriken wünschenswert...

„Lieber Graf Lebegut von Hochnasen, weißt du denn wie dein
Urahn zu dem Adelstitel und dem Vermögen gekommen ist,
welches dir zugefallen ist, ohne dass du selbst irgendeine
Leistung dafür erbracht hast?

Vielleicht hatte er dem König das Leben gerettet oder auf
einem Kriegszug viele feindliche Soldaten und Zivilisten
ermordet und wertvolle Sachen geraubt und wurde vom König
dafür mit Land beschenkt und zu einem „Odal" erhoben.
 Dann solltest du aber daran denken, dass das Land, auf dem
dein Schloss heute noch steht, vorher den Bauern (evtl. aus
einer Allmende) geklaut wurde und dass das Schloss nicht von
deinem Ahnen selbst erbaut wurde, sondern dass es von
Zwangsarbeitern errichtet wurde, wobei es nichts ausmachte,
wenn einige dafür ihr Leben lassen mussten und die
erforderlichen Mittel den Untertanen gestohlen worden waren.
Die rauschenden Feste die deine adligen oder feudalen
Vorfahren gefeiert haben mögen und der Reichtum mit dem sie
geprahlt hatten, wurden von meinen ausgebeuteten Vorfahren,
den Sklaven und Leibeigenen, „finanziert" (abgepresst)…
Es ist aber auch denkbar, dass dein Urahn geadelt wurde, weil
er den eigentlichen Thronfolger ermordet hatte, damit sein
König an die Macht kommen konnte; oder dein Vorfahre hat
seinem geilen König ein vierzehnjähriges Mädchen als
Gespielin zugeführt... vielleicht hat er aber auch Intrigen
angezettelt oder Urkunden gefälscht, oder betätigte er sich als
Raubritter um sich zu bereichern?"
 Egal, wie dein heutiges Vermögen seinerzeit generiert wurde,
in jedem Falle aber ging das zu Lasten meiner Vorfahren…

Das Porzellan, die Kunstwerke und Diamanten, die heute noch
im Besitz von Schlossherren sind, wurden früher einmal dem
niederen Volk zu „Repräsentationszwecken" entwendet oder
auf dessen Kosten beschafft. Sie sind Staatseigentum und
können deswegen allerhöchstens noch als Leihgaben behandelt
werden, die den Bürger/inne/n zurückzugeben sind, sobald der
Repräsentationsauftrag erloschen ist.

Das Vermögen eines Königshauses ist ursprünglich aus
Diebstahl (z.B. in Form von Zwangsabgaben, oder direkte

Enteignung) am eigenen Volk und dessen Knechtung
entstanden; wenn Teile des Vermögens aus Raubzügen gegen
andere Völker oder Schenkungen von anderen Herrschern
herstammen, dann haben dafür immer sogenannte Untertan
geschuftet, geblutet oder ihr Leben lassen müssen! Aber
schließlich war der König ja auch Repräsentant seines Volkes,
jedoch welchen Anspruch haben seine Erben?

In Deutschland haben wir den Repräsentationsauftrag für eine
befristete Zeit einem Präsidenten oder einer Präsidentin
übertragen. Er /sie muss die Präsidentenvilla räumen, wenn
er/sie aus dem Amt scheidet. Und dieses Amt ist
selbstverständlich **nicht vererbbar...**
Wieso Kaiserwürden und Königstitel heute noch in einigen
Staaten mit gebildeter Bevölkerung existieren und sogar
vererbbar sind, erscheint mir suspekt und wirft einen Schatten
auf die Vernunft der „Untertanen"!
(Sind Untertan nicht auch Sklaven? Ich finde, dass Titel
allgemein, wie Fürst, Graf, Professor, Doktor...einer Person
auf die Lebenszeit vergeben werden können, aber niemals
vererbbar sein dürfen).

Ich kann heute nicht die Nachfahren eines Herrschers
verehren, der meine Vorfahren geknechtet und mit Gottes
Beistand bestohlen, aus Habgier enteignet, hat.
Ich betrachte das ererbte (oder angeheiratete) Adelsprädikat
nicht als Grund, so einen Mitbürger gesellschaftlich höher
einzuordnen, als einen Buchhalter; eher sehe ich in ihm eine
gewisse Art von Schmarotzer der heute noch von demjenigen
Vermögen zehrt, das einst meinen Vorfahren von seinen
Vorfahren entwendet worden ist.

Natürlich kann ich die Erben der angehäuften Vermögen selbst
heute nicht für die Taten ihrer Ahnen zur Rechenschaft ziehen,
aber die Unterdrückungsbefugnis gegenüber meiner Familie

lass ich als Erbteil nicht mehr zu und verlange wenigstens die
Herausgabe des damaligen „Diebesgutes"!

Das Vermögen der Monarchen gehört dem Volk! Es muss
wieder vergesellschaftet werden, sobald die Regentschaft
erloschen ist...

 In der heutigen **Marktwirtschaft** ist die List (und Täuschung)
legalisiert, ja, sie wird sogar propagiert; die Befürworter
unterstellen einfach, dass alle Menschen gleich skrupellos und
listig sind und ermuntern sie, sich nach Herzenslust gegenseitig
zu betrügen, was sie verharmlosend „Handeln" nennen.
 Handeln unterscheidet sich vom einseitigen Betrug dadurch,
dass beide Seiten sich gegenseitig betrügen wollen, wobei
unterstellt wird, dass wir alle nahezu gleich gut lügen können
und dem etwas raffinierteren Lügner auch ein etwas höherer
Vermögensanteil – gewissermaßen als Siegeslohn – zustehen
soll; der Markt ist also ein Tummelplatz von „Moglern" , wo es
allein darum geht, die Mitspieler/innen um Vermögensanteile
zu prellen.
Die Sieger/innen nennen das dann „Rendite" oder Gewinn;
die Gewinner/innen sollten nie so tief „in die Taschen ihrer
Mitspieler" greifen, dass diese verhungern oder erfrieren
müssen.
*Wenn ich aber eine ganze Weizenernte für 100.000€ aufkaufe
und aus Spekulationsgründen dem Markt entziehe und horte,
bis die Nachfrage dringend ist, um sie, mit 100% Gewinn, für
200.000€ weiter zu verkaufen und dadurch Menschen in den
Hungertod treibe, bin ich ein Mörder!.*

Deswegen ist ein Eingreifen des Gesetzgebers erforderlich
(zum Schutz der Ehrlichen „Dummen"):
Lebensnotwendige Produkte (Nahrung, wichtige
Medikamente, Wohnraum, Heizmaterial, Grundbildung und
Alltagskleidung) dürfen keine Spekulationsobjekte sein.
Währungsspekulationen sind auf ein Mindestmaß zu begrenzen
(maximal auf den voraussichtlichen Bedarf für die Dauer eines
persönlichen Aufenthalts im Gastland).

Provisionen und Tantiemen sind durch Vergütungen nach
Leistungsverzeichnissen zu ersetzen.
Provisionen als Vermittlungsentgelt – am Wert des
verhandelten Objektes gemessen - sind ohnehin die perverseste
Vergütungsform, die sich die Menschheit je ausgedacht hat:
welcher Kreditvermittler und welcher Versicherungsvertreter
empfiehlt nicht dasjenige Produkt, an welchem er am meisten
verdient (und das ist für den Kunden fast immer das
ungünstigste, teuerste?).
 Welcher Immobilienvermittler treibt nicht die Preise an die
Höchstgrenze, wenn er sein „Honorar" nach % vom erzielten
Verkaufsentgelt berechnet?
Wer glaubt denn ernsthaft, dass der Energieaufwand eines
Maklers für die Vermittlung eines 360.000€ Objektes um 20%
höher ist, als bei einem Verkaufspreis von 300.000€?...
Der höchste Energieaufwand des Vermittlers ist es doch, sich
zwischen Anbieter und Käufer zu drängeln; und dabei spielt
der eigentliche „Verkehrswert" des Vermittlungsgegenstandes
kaum eine Rolle! (bei den Partnervermittlungen werden
übrigens die zu vermittelnden Personen auch nicht gewogen…)
 Diese, die Inflation anheizenden „Tätigkeiten" sind also
Wucher und müssen aufwandsgerecht und der jeweiligen
Leistung entsprechend reguliert werden. (Keine Prozente,
sondern Festsätze!)
*Warum werden die Vermittlungen von Immobilien und
Wohnungen nicht sinnvollerweise – gegen eine angemessene*

Überhaupt sollten alle lebenswichtigen Märkte
Grundnahrungsmittel, Medizin, Wohn-und Energiebedarf,-
auch Tankstellen – in kommunalen Händen liegen; mindestens
aber genossenschaftlich organisiert sein!
Der Schwerpunkt dieser Einrichtungen muss auf der
ausreichenden Versorgung der Bürgerschaft liegen und darf
nicht Gewinn orientiert sein.

(Es ist auch ein Skandal, dass die öffentliche Hand sich teure
Kredite von Geschäftsbanken holen muss, statt die günstigeren
direkt von den LZB ´n! Haben da eventuell.„ Bänker/innen"
die Gesetzesvorlage geliefert und die Politik bestimmt?)
Schmarotzerhafte Vermögensbildungen über
Spekulationsgeschäfte in ihren Extremformen – Hedgefonds
und Konsorten - bedienen sich sogar - an Erpressung und
Freiheitsberaubung oder Behinderung (Nötigung?) erinnernder
– verwerflicher Methoden, die über das allgemeine
Demokratieverständnis hinausschießen.
 Sie haben nämlich mit dem ursprünglich legalisierten Handel,
dem feilschen auf Augenhöhe, gar nichts mehr zu tun und
können deshalb auch nicht als rechtens angesehen werden,
sondern müssen geächtet und auf ihre strafrechtliche
Verfolgbarkeit überprüft werden.

Hingegen die vernünftige Arbeitsteilung in der Symbiose aus
Produktivkräften und Ordnungskräften und den   (Kultur
eigenen) Dienstleistern (einschließlich dem logistischen Anteil
aus der Handels und – Finanzwirtschaft) ist als solche mit
dem Demokratieverständnis solange absolut vereinbar, wie die

Entlohnung /Bezahlung auf der Grundlage einer bewertbaren
Dienstleistung geschieht (keine Provision!; keine Zinsen; keine
Wert abhängigen, sondern leistungskonformen, dem Aufwand
angemessene, Entgelte!) …
Das Dilemma der Vermögensbildung ist es, dass sie zwar zur
persönlichen Existenzsicherung, in einem gewissen Rahmen,
erforderlich ist, aber gleichzeitig andere Existenzen
benachteiligt.
 Insbesondere bei wachsender Zahl der Erdbevölkerung kann
sie nur mit entsprechendem Wirtschaftswachstum gelingen,
was nur unter gleichzeitiger Vernichtung natürlicher
Lebensräume und Ressourcen funktioniert.
Das wiederum bedeutet, dass die wenigen Menschen, die heute
noch in und mit ihren naturnahen Lebensbedingungen
zufrieden sind und diese gerne beibehalten möchten, von den
stärkeren „ Fortschrittsgläubigen" ignoriert, ja sogar
unterdrückt werden.

Wo sich Kinder noch selber Spielzeug gebastelt haben; aus
Holz und Stein, aus Bast und Knochen, aus Altglas, Muscheln
und Blechdosen, wurde deren Kreativität unterdrückt durch die
Einführung von Spielgeräten aus industrieller Massenfertigung,
um den gierigen Fabrikanten und Investoren auch noch
Gewinne aus den ärmsten Bevölkerungsgruppen der Erde zu
bringen.
 Gesunde Menschen in warmen Erdteilen, die eigentlich keine
Kleider bräuchten, wurden genötigt, sich in Schweiß treibende,
beengende Textilien zu packen, damit die Wirtschaft in anderen
Teilen der Welt wächst, damit weitere Arbeitsplätze geschaffen
werden und weitere Konsumenten weiteres Geld ausgeben.
Ursprünglich naturverbundene, glückliche und sehr kreative
Menschen wurden zu Konsumidioten umerzogen...
Ungehemmtes Wirtschaftswachstum und freie Marktwirtschaft
können deshalb niemals demokratisch funktionieren.

Das macht Vermögensbildung zum Paradoxon. -

**Gibt es Wege aus dem Dilemma und Konzepte zur Rettung
der Demokratie?**

Die Grundpfeiler demokratischer Vorstellungen sind   die
(naturgegebene) Freiheit und Gleichheit aller Bürger/innen.
Aber einen objektiven, allgemeingültigen, absoluten
Freiheitsbegriff gibt es nicht. Und dass nicht alle Menschen
gleich sind, sehen wir jeden Tag in unserem Umfeld.
Die Freiheit, die hier gemeint ist, ist die Organisierung der
Gesellschaft dergestalt, dass die gegenseitigen Behinderungen
der einzelnen Mitglieder der Gemeinschaft sich möglichst
neutralisieren.
(Ich habe das höchste Freiheitsgefühl, wenn die Zwänge,
denen ich als Gesellschaftsmitglied unterworfen – oder in die
ich eingebunden – bin, meinen eigenen Interessen und
Mobilitätsansprüchen am wenigsten entgegenstehen, oder,
wenn sie mit meinen Vorstellungen eine größtmögliche
Schnittmenge bilden.)
Die Freiheit ist immer relativ zu betrachten; sie hat ihre
Grenzen dort, wo biologische, gottgewollte oder
evolutionsbedingte und moralische Hindernisse eine "freie
Entfaltung" behindern und wo die Freiheit anderer Menschen
verletzt wird.

Die Gleichheit der Bürger/innen meint, dass eine
Gleichbehandlung in allen Lebenssituationen **entsprechend
der vorhandenen Fähigkeiten** – passiv und aktiv –
gewährleistet ist.

*Selbstverständlich wird niemand erwarten, dass einer geistig
behinderten Person ein Präsidentenamt übertragen werden*

*kann, oder dass ein Blinder Anspruch auf einen Studienplatz
als Kunstmaler hat, oder dass ein Ehepaar darauf besteht, dass
die Schwangerschaft für das gemeinsame Kind von dem Vater
zu übernehmen ist.
Aber diese Personen haben alle anderen passiven und aktiven
Rechte die es in der Volksgemeinschaft gibt.*

Aus dieser Einsicht haben sich demokratische Staatsformen
gebildet, bei denen behauptet (und eigentlich auch gewollt)
wird, dass die Willensbildung und Regelung des
Gesellschaftslebens vom gesamten Volk ausgeht.

„Alle Staatsgewalt geht vom Volk aus".

Je größer eine Gesellschaft zahlenmäßig ist, desto schwieriger
– sogar unwahrscheinlicher – ist es aber, einen Konsens zu
finden und das Ergebnis der Willensbildung direkt von Unten
nach Oben durchzuführen.
Deswegen wird oft die Form der direkten Demokratie durch
die Form der mittelbaren – oder repräsentativen – Demokratie
ersetzt, das heißt, dass der „Volkswille" bereits komprimiert
und gefiltert zu den Umsetzungsorganen (über die gewählten
Volksvertreter, Mandatsträger) gelangt.
In der Deutschen Demokratischen Republik wurde der
Volkswille von – nicht unbedingt fachkundigen - Funktionären
(und dem Großen Bruder in Moskau) vertreten; in der
Bundesrepublik (im Wesentlichen) von Vertretern aus der
Wirtschafts- und Finanzwelt, oder deren Lobbyisten (und dem
großen Bruder in Washington).
So wurde die DDR demokratisch in den Bankrott geführt und
die BRD demokratisch unter die Obhut und das Diktat der
Börse; und damit scheinbar in ein Wohlstandsparadies. Aber
nur scheinbar, denn die „gebratenen Tauben" fliegen in die
Rachen der gierigen Spekulanten und das ranzige Öl fließt zu
den Schuftenden.

Der Wohlstand konzentriert sich – naturgemäß – bei den Ausbeutern.
Dafür wächst die Armut bei den treuherzigen, gutgläubigen, unterwürfigen, rücksichtsvollen, fleißigen (manchen scheinbar mit einem Sklaven Gen behafteten) Leistungsträgern der Gemeinschaft.
Da muss der Volkswille doch falsch gefiltert worden sein?
Die Repräsentanten müssen demnach ihre Wähler/innen falsch verstanden haben oder – was wahrscheinlicher ist - sich nicht gegen das Kapital durchsetzen können (und manches Mal gar nicht wollen, weil bei ihnen selbst wirtschaftliche Verflechtungen bestehen, die einer Umsetzung des Volkswillens entgegenstehen).

Zu einer echten Demokratie gehört unbedingt die Vermeidung eines Interessenkonfliktes in der Person der Volksvertreter/in (der Politiker/innen), wenn diese Mandatsträger/innen aber – sei es als potentielle Erben oder bereits als Teilhaber/innen – zum Beispiel eines Wirtschaftsunternehmens eine politische Entscheidung zu treffen haben, die dem Unternehmen schaden würde, ist es doch offensichtlich, welches Ergebnis realisiert wird.
Das Dilemma unserer Volksvertretung ist es eben, dass – wenn Politiker nicht bereits in irgendeiner Form mit Wirtschaftsunternehmen verflochten sind – einige der von uns demokratisch gewählten und gut bezahlten „Willensvertreter" neben ihrem politischen Auftrag auch noch „Nebenämter" ausüben, welche deren Verfügbarkeit im Hauptamt schmälern und die ihre Politik selbstverständlich zum eigenen Nutzen beeinflussen… und sich dabei Ansprüche auf lukrative Posten für die Zeit nach ihrer politischen Laufbahn erwerben können.

Deshalb können wir unsere demokratische Gesellschaft nur unter dem Aspekt sehen, dass eine Mehrheit von passiven Demokraten (die Wählerschaft) sich unter das Diktat einer

Minderheit von aktiven Demokraten (die zum Teil von den
Kapitaleignern oder deren Lobbyisten – marionettenhaft -
gelenkt werden) unterwirft.
Lobbyismus ist das Krebsgeschwür der Demokratie.
Eine Demokratie im ursprünglichen Sinne existiert momentan
nirgends auf der allgemein bekannten Welt. Es gibt lediglich
verschiedene annähernd funktionierende Demokratien deren
Regierungsvertreter dem herrschenden Kapital wenigstens ein
paar Zugeständnisse abringen.

Die reine Demokratie kann es also nur geben, wenn die
Mandatsträger des Volkswillens sich standhaft weigern, als
Marionetten des Kapitals zu funktionieren; dazu müssten sie
aber den Lobbyisten das Gehör verweigern und grundsätzlich
korruptionsresistent sein, und sie dürfen keine bezahlten
Nebenämter bekleiden!

Dieser Zustand könnte eines Tages eintreten, wenn wir eine
vernünftige Einstellung zum Kapital und zur
Vermögensbildung erreichen und das Geld*un*wesen dahin
reformieren, dass wir dem Zahlungsmittel wieder seine
eigentliche Urkundenbedeutung (Pfandersatz) zuführen.

**(Wenn mir der Bauer schriftlich für meine heute geleisteten
acht Stunden Arbeit zwei Zentner Kartoffeln verspricht,
muss der entsprechende Gutschein auch noch nach zwei
Jahren volle Gültigkeit haben - und der Schuldner darf
nicht mit dem Inflationsargument kommen, dass er mir aus
demselben Versprechen nur noch 1,5 Zentner liefern kann).**

Das ist die Tragik der Inflation: Wenn ich heute für einen
Zentner Kartoffeln vier Stunden arbeiten muss, 240 Minuten,
dann ist eigentlich nicht einzusehen, dass ich in zwei Jahren
dafür 320 Minuten aufwenden muss!?
Ein gehöriger Anteil meiner zwei Stunden Mehraufwand wurde

wahrscheinlich in die Privatvilla oder ein Feriendomizil meines
Bankmanagers investiert...

**Inflation ist also zum größten Teil der Gewinn der
Finanzwirtschaft, der von der Gemeinschaft zu finanzieren
ist!**

Deshalb ist die Entwicklung der Armuts- Reichtums Schere
unvermeidlich, solange das Belohnungssystem für
Dienstleistungen im Finanzwesen in Zinsen und Provisionen
erfolgt.

Wäre es nicht sinnvoller, wenn die gegenseitigen
Schuldverhältnisse in Arbeitsstunden (oder Leistungseinheiten
oder Wertmarken) angegeben würden, statt in variablen
Geldbeträgen?

Wegen der globalen Vernetzung und der rasanten Zunahme der
Internetteilnehmer/innen – und dem ohnehin schon (meines
Erachtens undemokratischen) bestehenden Konten- und
Kreditkarten*zwang* - könnten wir heute sogar ganz auf Geld
(damit auf Inflation, Preissteigerung, Zinsen und sogar auf
eine - über die natürliche Inflationsrate hinausgehende -
Lohnerhöhung) verzichten:

Jedem (geschäftsmündigen) Mitglied einer
Währungsgemeinschaft könnte ein Chip in den
Personalausweis integriert werden, auf welchem sämtliche
Forderungen und Verbindlichkeiten zeitnah – meinetwegen
über die EZB, LZB ´n oder Finanz- bzw. Standesämter –
verbucht werden. Jeder Bürger und jede Bürgerin hätte eine,
auf der ganzen Welt einmalige, individuelle PIN und damit ein
persönliches Konto..

Dann wäre jede Transaktion von Geldwerten nachvollziehbar

und Berichtigungen nachträglich möglich, was Kartendiebstahl
unrentabel werden ließe. (und Geld Klau gehörte der
Vergangenheit an). Außerdem bräuchten die Finanzminister
keine Steuerhinterziehungen mehr befürchten.
Die Geldangelegenheiten könnten über die bereits bestehenden
Geldautomaten erfolgen, oder über eine Art Post- Briefkästen.
Dabei erfolgte die Umbuchung der Guthabenbeträge ohne
Belastung mit Zinsen oder Bankgebühren.

Mit gutem Willen könnte man sogar eine weltweit gültige
Einheitswährung einführen, die praktisch immer ihre selbe
Kaufkraft behält: Alle Leistungen lassen sich in Kalorien,
Broteinheiten oder irgendwelche Energieeinheiten umrechnen;
wir könnten uns eine Basiseinheit herannehmen:
z.B. den durchschnittlichen Kaloriengehalt von einem kg
Kartoffeln, oder den durchschnittlichen wöchentlichen
Kalorienverbrauch eines Maurers, den Gegenwert eines Kilos
Zucker oder eines Liters Milch; selbst die Leistung eines
Lehrers, Taxifahrers, Apothekers…lässt sich in
Energieeinheiten oder wertbeständige Leistungsgrößen
umrechnen, alle Handwerke und Dienstleistungen lassen sich
annähernd gerecht vergleichbar in Energieaufwand (oder
Bedarf) umrechnen.

Bis es soweit (wahrscheinlich nie) kommt, bleibt meine
Devise: Keine Teilhabe an Spekulationsgeschäften, Verzicht
auf – nominalen - Inflationsausgleich (weil ich selbst mit dem
geringsten Sparvertrag das Inflationswachstum anheize);...der
vernünftigste Weg für Normalbürger, dem Inflationsverlust
entgegenzuwirken, ist die Auflehnung gegen das
Konsumdiktat und – so widersprüchlich es zunächst auch
klingen mag – lieber etwas teurere Produkte aus der Region
kaufen, weniger verschwenden, möglichst viele Chancen (z.B.
Gemüsegarten / Hühnerstall) zur Selbstversorgung nutzen.

Wenn ich es akzeptiere, dass mir ein paar Äpfel verfaulen oder Brot verschimmelt, weil ich im Supermarkt davon zu viel gekauft habe, muss ich auch dulden können, dass mein Bargeldbestand mit der Zeit einen Wertverlust erfährt.

Egal was wir horten, Waren oder Geld, ein Naturgesetz bei der Vorratshaltung ist es, dass mit der Zeit immer ein gewisser Schwund eintritt, in Form von Verlusten wegen Fäule, Überreifung, Schädlingsbefall, Verbiss, Rost...und Inflation.

Bereits die politische Vorgabe an die EZB fordert ja eine jährliche Inflationsrate von durchschnittlich 2%.
Die betreffen natürlich auch mein Sparkonto.

Aus meinem Freiheitsdrang versuche ich mich dem lästigen, aggressiven, Werberummel weitestmöglich zu entziehen und ignoriere, so gut es geht, verkaufsfördernde Maßnahmen; insbesondere lasse ich Produkte in den Regalen liegen, die mit teuren Verträgen von Sportgrößen, Sängerinnen, Fotomodels usw. beworben werden. Warum soll ich im Kaufpreis des Produktes deren überhöhte Gagen finanzieren?

Ich würde mich auch ziemlich albern und beknackt fühlen, wenn ich als Werbedepp das Label meiner Unterhosenmarke zur Schau stellen würde und dazu beim Kauf der Wäsche, auch noch einen Markenaufpreis entrichte.
Besonders achte ich darauf, ja kein Produkt zu kaufen, das penetrant durch diverse Medien in den lästigen, mich beleidigenden, albernen Werbespots angepriesen wird…

Die Werbeindustrie sollte ihre Strategie den jetzigen Erfordernissen anpassen und nicht zur Verschwendung aufrufen, sondern lieber vergleichende Reklame praktizieren.
Sie sollte neutral die angebotenen Produkte vorstellen und ihre

Umweltverträglichkeit und ihren Nutzwert erklären...

Ich bezahle ungern mit Kreditkarte, weil ich die nachfolgenden
Kunden nicht aufhalten möchte; weil ich nicht einsehe, dass ich
meiner Bank die Macht, Verfügungsgewalt, über mein Geld bis
zur letzten Sekunde überlasse; weil ich den Überblick über
meinen Bargeldbestand (die Liquiditätskontrolle) behalten
möchte; weil ich möglichst wenig Spuren über mein
Einkaufsverhalten in den „Clouds" der Internetspione
hinterlassen will.

Welche Logik steht dahinter, wenn ich einerseits peinlich auf
Datenschutz poche und andererseits mit meiner Kreditkarte,
gleichzeitig freiwillig die Spuren meines Einkaufsbummels
dem WWW zur Verfügung stelle!?

Dann sollte die oben beschriebene Praxis der Integration
meiner „Kassenbestände" oder Schuldverhältnisse in den
Personalausweis wirklich kein Problem sein!

Bevor ich einen teuren Bankkredit aufnehme, frage ich erst
meine Verwandten und Bekannten, ob ich hier ein Darlehen zu
moderaten Konditionen bekomme, eine angemessene
Leihgebühr, statt Zinsen…

**Der Wachstumswahn ist das bösartige Krebsgeschwür
unseres Planeten Erde,** eine unmittelbare Folge der Gier
einiger „Kapitalanleger", die mit der Verschwendungssucht an
Ressourcen zur Vergiftung unserer Atemluft und unseres
Trinkwassers geführt haben.
Damit dürften die Grenzen des Wirtschaftswachstums fast
erreicht sein.

Für den Klimaschutz und zur Rettung der Welt muss der Wachstumswahn abgebremst werden und Zinsen und Maklerprovisionen durch angemessene Gebühren ersetzt und der Lobbyismus abgeschafft werden.

Bei der Produktion von Gebrauchsgütern muss die Austauschbarkeit von Ersatzteilen und der Einsatz von Betriebs - und Hilfsmitteln für alle Marken gewährleistet sein, zum Beispiel dürften nur einheitliche Tintenpatronen auf den Markt kommen, die in jeden Drucker eingesetzt werden können und die Leuchtmittel für Autos müssen für alle PKWs passen.

Bei der Einführung der E-Mobilität wäre es sinnvoll, dass das Nachtanken etwa ähnlich wie bisher geschieht; statt an den Servicestationen Sprit aufzufüllen, könnte in der gleichen Zeit der Akku ausgetauscht werden. Der Kunde, die Kundin fährt über eine Grube oder an eine Rampe, wirft 30, 60, 90 € in eine Bezahlbox und der Akku für 300, 600, 900 Km wird ausgewechselt.
Somit könnten künftig die Tankstellen als Ladestationen funktionieren und auf eine zusätzliche Umweltbelastung und zeitraubende Infrastruktur für private Ladestationen verzichtet werden.
Es ist heute noch nicht bewiesen, dass die übereilte Einrichtung einer kompletten Infrastruktur für private Ladeeinrichtungen nicht sogar mehr Umweltbelastungen nach sich zieht, als wenn man, statt dessen, die Fahrzeugindustrie verpflichten würde, einheitliche, standardisierte „Tankmöglichkeiten", wie eben beschrieben, durch die Aufrüstung der vorhandenen Tankstellen zu schaffen.
Schließlich muss der zusätzliche Materialverbrauch, die entsprechende spätere Entsorgung und der vorzeitige Verschrottungsverlust von intakten Fahrzeugen mit in das Kalkül gezogen werden!

Es dürften maximal 3 Batteriegrößen zugelassen sein und die
Hersteller müssten verpflichtet werden, die Austauschbarkeit
zu vereinheitlichen…
Wenn der komplette Gebrauchsgütermarkt derart reglementiert
würde, dass alle Verschleißteile und Betriebsmittel in jeder
Marke und in allen Modellen verwendet werden könnten, dann
wäre das ein großer Schritt zur Ressourcenschonung und ein
gewaltiger Beitrag zum Umweltschutz.
Die heutige Riesenauswahl an Modellen dient hauptsächlich
der Materialverschwendung, die im Interesse der Investoren
und Anleger liegt, weil deren Profite ja mit der Menge der
verkauften Güter steigen. Hier gilt Gewinnmaximierung vor
Vernunft und Umweltschutz.

**Und die Arbeitsplätze die wegfallen, wenn nicht mehr so
viel verschwendet wird, wenn Wachstumswahn und
Konsumwahn stagnieren?**

Überhaupt kein Problem; wenn ich nicht alle zwei Jahre einen
neuen Computer brauche, wenn das Gerät nur alle 10 Jahre
ersetzt werden muss, spare ich fünftausend Euro, das wären
fünfhundert Arbeitsstunden, die könnte ich, bei
gleichbleibendem Wohlstand ersatzlos fallen lassen, oder
einem Arbeitslosen überlassen und die hinzugewonnene
Freizeit genießen.
Es würde meiner Familie nützen und der Umwelt. Alleine
Investoren - Leute die ihr Geld „arbeiten" lassen - hätten das
Nachsehen.

 Nach meinen Erkenntnissen hat das Wirtschaftswachstum in
Deutschland seit Anfang der 1960iger Jahre fast nur den
Kapitalisten wirklich genützt.
Die werktätige Bevölkerung kann sich seit dem zwar auch
etwas mehr leisten, aber nur, weil heute mehr, oft überflüssige,

Produkte und Dienstleistungen auf dem Markt angeboten werden als damals, und weil heute pro Familie wesentlich mehr abhängige Arbeitszeit abgeleistet werden muss als damals.

Das wiederum geht zu Lasten des Familienlebens: u.A. die Auslagerung der Kinderbetreuung aus dem Familienalltag und die dadurch wegfallende individuelle Erziehung führen zu familienfeindlicher, obrigkeitsangepasster, kontrollierter Entwicklung des Nachwuchses und zu einer unsozialeren Organisierung des Familien Haushaltes.
Uns hingegen wird suggeriert, dass die Abschiebung der Kinder in kontrollierte Einrichtungen eine Entlastung der geplagten Eltern sei und der sozialen Integration unseres Nachwuchses förderlich sei.
Dass dadurch aber eigentlich die gewinnbringende Arbeitskraft der Eltern möglichst bald wieder den Investoren zur Verfügung steht, sollen wir uns nur nicht einbilden!
Wahrscheinlich wäre es sogar besser für den Nachwuchs, wenn die Mütter nicht zu früh abstillen würden und sich wenigstens für die Dauer der ersten drei Lebensjahre intensiv um ihre Kinder kümmern würden. Wenn die Mutter unbedingt bald an ihren Arbeitsplatz zurückkehren will, könnte der Vater oder die Großeltern die Kinderbetreuung übernehmen.

Kitas vor dem 3. Lebensjahr der Kinder dienen alleine dem Zweck, dass deren Mütter nach der Geburt möglichst schnell wieder dem Arbeitsmarkt zugeführt werden können.

Dabei könnten sie zuhause mit vielfältiger Hausarbeit viel kreativer sein und Ausgaben sparen, die an den Wert ihrer beruflichen Einkünfte heranreichen und bräuchten für diesen Verdienst keine Lohnsteuer abführen, (besonders, wenn ein Nutzgarten vorhanden ist, in dem man, statt einfallsloser, steriler Rasenpflege, Erdbeeren und Gemüse ohne Gift selber herstellt und Arbeitsutensilien nutzt, wie Nähmaschine,

Strickmaschine, Spinnrad, Töpferscheibe usw.); dann
bräuchten wir nicht mehr soviel umweltbelastende Industrie.
Die wegfallenden ausbeuterischen, fremd kontrollierten
Arbeitsplätze würden lediglich in den selbst kontrollierten
heimischen Bereich zurückgeholt...
Natürlich würde das dem Wirtschaftsminister und
Finanzminister nicht gefallen!

Bei gemeinsamen Unternehmungen und Kaffeekränzchen
könnten die Mütter und Väter Erfahrungen und gegenseitige
Hilfsangebote austauschen und der Nachwuchs intensiver
betreut werden, als in Steuern finanzierten öffentlichen
Einrichtungen. Lediglich der entsprechende, aus der
Hausarbeit resultierende Rentenanspruch müsste geregelt
werden.
(Anfang der 1970iger Jahre habe ich der SPD vorgeschlagen,
dass die Hausfrau grundsätzlich die Hälfte des
Rentenanspruchs aus dem Einkommen ihres Gatten zu
beanspruchen hat, denn, nur weil sie ihm die Hausarbeit
abnimmt und ihm die Hemden bügelt, kann er überhaupt einen
Ganztagsjob ausüben.) Diese Forderung gilt heute noch, sie
muss aber gegenseitig für beide Elternteile gelten.

Der Trend zur Abtretung der Speisen Zubereitung an die
Nahrungsmittelindustrie und der Ersatz hauswirtschaftlicher
Tätigkeiten (z.B. Flicken, Stricken, Backen ...) durch
industrielle Massenware und Wegwerfartikel, lassen unsere
Kreativität und unsere Geschmacksknospen verkümmern und
haben verkümmernden Einfluss auf das Unterhaltungsniveau
innerhalb der Familien.

Und die teilweise Verbesserung der Arbeitsbedingungen in den
Produktionsstätten hat die Probleme der Folgen für die
Gesundheit der Belegschaft nicht allgemein verbessert, sondern
oft nur verlagert. (z.B. statt Muskelkater am Fließband in

früheren Zeiten, heutzutage Stress und Augenschäden am Bildschirm....)

Wir, das allgemeine, moderne, Industrie abhängige Volk, mit niedriger Geburtenrate, brauchen kein Wirtschaftswachstum an dem ja nur die Investoren und Politiker Interesse haben können.

Statt eine Plattform für schmarotzerhafte Spekulationsgeschäfte darzustellen, könnte die Börse die Ermittlung des tatsächlichen Bedarfs und die erforderlichen Herstellungsorte und Warenströme ermitteln und regulieren statt „Lotterie" zu spielen.
Eine sinnvolle Beschäftigung wäre die Ermittlung des tatsächlich vorhandenen Bedarfs in der Bevölkerung und die ökologisch und ökonomisch passende Versorgungsstrategie zu ermitteln.
Natürlich gibt es Wirtschaftsräume auf dieser Welt, wo die Bevölkerung immer noch rapide wächst und dort deswegen Hungersnot erzeugt; da könnten unsere Kapitalisten für ein angemessenes Wachstum sorgen.
Irgendwann ist aber auf der ganzen Welt die Grenze des Wachstums erreicht, deswegen sollte man schon jetzt diejenigen Menschen unterstützen, die zwar eine Geburtenkontrolle anstreben, aber nicht über das nötige Knowhow verfügen und denen die entsprechenden Mittel fehlen.
Wenn es noch Männer gibt, die sich 3 Ehefrauen leisten, um möglichst viele Kinder zeugen zu können und damit die Übervölkerung der Erde beschleunigen, sollten wir uns überlegen, ob es nicht umgekehrt sinnvoller wäre.
Wenn eine Frau drei Männer heiraten dürfte, wäre der Effekt umgekehrt. (Anstatt dass ein Mann und drei Frauen drei Kinder in die Welt setzen, würde eine Frau mit drei Männern höchstens ein Kind im Jahr bekommen).

Vielleicht hat die Evolution ja auch in weiser Voraussicht die gleichgeschlechtliche Liebe erfunden. Homosexualität sollte deshalb nicht geächtet werden, im Gegenteil; während der gleichgeschlechtlichen Liebe können (vorläufig noch, falls die Gentechnik nicht neue Wege zur Reproduktion erfindet) keine Nachkommen gezeugt werden. Im Hinblick darauf, dass die Menschheit nicht über unseren Planeten hinauswachsen kann, sind Homosexuelle ein Segen für Mutter Erde.
Außerdem verstehe ich überhaupt nicht die Unlogik, dass „Homos" von manchen Bürger/innen wie Aussätzige behandelt werden. Ich bin jedenfalls froh über jeden Schwulen, der mir nicht die schönsten Mädels vor der Nase wegschnappt und seine Finger von meiner Frau lässt!

Also, lieber weg vom Motto: „Wachsen bis zum Platzen"!

Wir sollten (die wenigen) Menschen, die noch im Einklang mit der Natur leben, ganz in Ruhe lassen und sie nicht zu unserer verschwenderischen Lebensweise bekehren. Was haben unsere Missionare und „Wirtschaftsvertreter" denn in den Völkern denen sie unseren Glauben und unsere Lebensweise aufgedrängt haben erreicht? Haben sie nicht mehr Elend, Krankheiten und Unzufriedenheit in die Welt hinausgetragen, als zweifelhaften Wohlstand?
Sind wir nicht ursächlich Schuld an den weltweiten Fluchtbewegungen von Menschen, denen wir mit unseren ausbeuterischen Maßnahmen die natürlichen Lebensgrundlagen zerstört haben und die wir gleichzeitig Konsum gierig gemacht haben, weil wir mit der Gewinnung weiterer Verbraucher unser eigenes Wirtschaftswachstum befeuern wollten?
Wer sind denn letztendlich die wahren Gewinner aus

zweifelhaften Kreditvergaben an Kleinbauern in Fernost und in Afrika?

Wenn unsere Textilfabrikanten und Chemieunternehmen, aus reiner Profitgier der Anleger und Investoren, die Umweltbelastungen in Billiglohnländer verlagern, so, als Nebeneffekt, dort weitere Konsumenten generieren und dafür bei uns Arbeitsplätze vernichten, dann profitieren alleine die Kapitalisten und maßgeblichen Verwaltungsinstitutionen.

Und wenn dann, außer wirklich gefährdeten und hilfsbedürftigen Flüchtlingen auch Konsum willige Wirtschaftsflüchtlinge bei uns Aufnahme begehren?

Dann gibt es selbstverständlich Für und Wider!

Flüchtlinge brauchen Nahrung, Kleidung, Wohnung und vieles mehr, woran der Handel, die Makler, die Wohnungswirtschaft und das Handwerk verdienen.

Die Zugereisten belasten dabei aber auch zusätzlich unser Sozialhilfebudget und beeinflussen den Arbeitsmarkt. Sie kurbeln so auch die Wirtschaft an und bringen ein paar billige und willige Arbeitskräfte mit. Deshalb findet deren Aufnahme bei uns von Seiten der Investoren und des Handels natürlich großen Zuspruch, auch gerne ohne Prüfung der Anspruchsberechtigung als Asylbewerber. Sie sind einfach willkommen.

Die höhere Nachfrage verteuert aber auch unsere Wohnungen und den allgemeinen Verwaltungsaufwand und die wenigsten Asylbewerber/innen können ihren Bedarf selbst bezahlen, das bedeutet:

Der Handel und die Kapitalisten (Immobilienhaie, Aktionäre, Investoren...) verdienen an den Flüchtlingen! Dieser Verdienst wird aber von unserer Volksgemeinschaft finanziert.

Das Volk der Steuerzahler muss die Beherbergung und Versorgung der Asylanten bezahlen und damit auch die Gewinne der davon dann jeweils begünstigten Händler und Investoren.

Deswegen ist zu überlegen, ob wir die aufzubringenden Gelder nicht lieber dort bereitstellen, woher die Asylbewerber/innen kommen, denn, wenn bei uns 10.000€ lediglich dafür ausreichen, dass hier eine Person für ein Jahr überleben kann, kann man mit diesem Betrag in der Heimat der Geflüchteten vielleicht ein Mehrfamilienhaus erstellen oder eine Molkerei aufbauen!

Dann könnten die Menschen sich die Fluchtstrapazen sparen und in ihrem Kulturkreis verbleiben, was bei uns die Furcht vor zu starker kultureller Unterwanderung abschwächen würde und das Erstarken des rechten politischen Spektrums mindern würde.

Denn eins ist klar, die Menschen, die aus wirtschaftlichen Gründen zu uns kommen wollen, haben selbst eigentlich keine Schuld an der Mangelsituation in ihrer Heimat, die wahren Verursacher der dortigen Armut sind in unseren Reihen zu suchen; wegen der Einmischung nach unseren Maßstäben in den dortigen Markt, Verdrängung der kleinbäuerlichen Selbstversorger, zweifelhafte Zusammenarbeit mit korrupten Politikern oder Großgrundbesitzern, (Knebelverträge bei Kreditvergaben, schlecht vergütete Ausbeutung von Bodenschätzen, Landwirtschaftsprodukten und Dienstleistungen).

Auch die angeblichen Probleme, die sich, bei genauer Betrachtung, aus einer völlig der Habgier und Machtgier entsprungenen Mangelsituation ergeben, werden - offenbar bewusst – politisch im Sinne der Investoren und Anleger/innen behandelt.

Zum Beispiel das Problem der LKW – Rastplätze an unseren Autobahnen:

Es wird einfach so dargestellt, als hätten wir zu wenig davon;

Tatsache ist aber, dass auf unseren Straßen, unnötigerweise, viel zu viele LKWs unterwegs sind!
Im Interesse der Profiteure (Spediteure, LKW-Branche, Handel…) sollen wir Steuerzahler zusätzliche Rastplätze finanzieren, damit auf unseren Straßen noch mehr Staus und Unfälle provoziert werden, als ohnehin schon durch die vielen unnötigen und umweltbelastende Transporte verursacht werden!
Warum müssen zum Beispiel Kartoffeln aus Schleswig Holstein in die Pfalz gekarrt werden und in die Gegenrichtung gleichzeitig Kartoffeln aus der Pfalz nach Hamburg?

Das ist natürlich nur ein simples Beispiel, geschieht aber täglich mit anderen Produkten.
Dass die Autobahn durch ein mobiles Warenlager verstopft wird, ist ja hinlänglich bekannt.

Wachstum um Arbeitsplätze zu schaffen, damit die Menschen ihre Mieten bezahlen können?
Das Problem der hohen Immobilienpreise und der hohen Mieten ist hauptsächlich auf die Art der Vermittlung durch Makler und die erpresserische Handlungsweise der Immobilienhaie zurückzuführen.

Wie bereits weiter vorne erwähnt, muss die vom Wert des Objekts abhängige Maklerprovision durch eine angemessene Gebührenerhebung ersetzt werden.
Eine gerechte Entlohnung könnten Stundensätze und Aufwandsentschädigungen sein…
Heiratsvermittler erheben ihre Gebühren ja auch nicht nach Gewicht oder Alter ihrer Klientel!

Es kann ruhig bei der heute überwiegend praktizierten Regel

bleiben, dass der Käufer/Mieter einer Immobilie dafür alleine die volle Vermittlungsgebühr bezahlt, denn das tut er sowieso in jedem Fall, weil der Anbieter seinen (eigentlich fälligen) Anteil einfach auf den Verkaufspreis oder die Miete drauf schlägt.
Es gibt keine Möglichkeit, diese Tatsache zu verhindern, es sei denn, die Immobilienpreise würden behördlich festgeschrieben.

Immobilienspekulationen sind zu verbieten. Die Grundstückspreise dürfen nicht privat ausgehandelt werden, sondern sind behördlich festzulegen!
Das wesentliche Bewertungskriterium sollte der Nutzen für die Allgemeinheit sein.
Immobilien dürfen nicht aus Spekulationsgründen in einer Hand angehäuft werden.

Zum Beispiel könnte gesetzlich geregelt werden, dass künftig keine Familie oder Einzelperson mehr als drei Eigentumswohnungen oder zwei Häuser besitzen darf, weil jedem Mitglied einer Volksgemeinschaft das Wohnrecht innerhalb des Staatsgebietes zusteht und jeder Person die Möglichkeit gegeben sein muss, selbst entsprechendes Wohneigentum zu erwerben.
Das wird aber den weniger begüterten Gesellschaftsmitgliedern unmöglich gemacht, wenn Vermögende ihnen die verfügbaren Immobilien überteuert vor der Nase weg kaufen um die Besitzlosen danach ausbeuten zu können.
 Private Wohnungsbaugesellschaften verfolgen aber genau diesen Zweck und sollten durch soziale Wohnungsbaugemeinschaften ersetzt werden, bei denen möglichst auch die Form des Mietkaufs realisiert wird.

Wer Wohnraum besitzt, entzieht diesen ja dem Wohnungsmarkt und damit der Versorgung Wohnungssuchender mit Wohnraum. Wer, nicht selbst

**genutzten Wohnraum vorübergehend dem
Wohnungsmarkt entzieht, um den Mietpreis zu erhöhen,
begeht Erpressung.**

Wer in Ballungsgebieten (solange noch keine Beschränkung
des Immobilienbesitzes besteht) mehr als drei Wohnungen
besitzt, muss für jede Wohnung die länger als drei Monate leer
steht, denjenigen Steuerbetrag an das zuständige Finanzamt
bezahlen, der fällig wäre, wenn das Objekt zum ortsüblichen
Preis vermietet wäre oder er muss es ohne
Veräußerungsgewinn verkaufen!

**Auf diese Weise könnte das Wohnen langsam wieder
bezahlbar werden und sollte 25-30% des monatlichen
Nettoeinkommens eines Haushaltes nicht überschreiten.
Wir sollten uns ohnehin darüber Gedanken machen, ob es
überhaupt erlaubt sein darf,** dass eine Person mehr
Wohnraum und Grundstückseigentum besitzen darf, als er für
sich und seine Familie zweckmäßig nutzen kann.

**Grund und Boden kann nicht vermehrt werden, deshalb
darf er nicht endgültig zur freien Verfügung in
Privateigentum überführt werden, allenfalls in Privatbesitz
für die Zeit einer zweckgebundenen Nutzung.**

Sämtliche Wälder, Gewässer, Berge und Bodenflächen eines
Staatsgebietes gehören der zugehörigen Volksgemeinschaft.
Natürlich können wir die Nutzflächen nicht gleichmäßig auf
die einzelnen Bürger/innen verteilen.
Da wir uns kulturell schon zu weit von der Möglichkeit der
Selbstversorgung entfernt haben und auf Arbeitsteilung
angewiesen sind, ist es selbstverständlich nötig, dass der
Landwirt ein größeres Areal an Kulturland bewirtschaften
muss, wenn er außer seiner eigenen Familie weitere

Gemeindemitglieder mit Lebensmitteln versorgen will. Wenn
er seinen Betrieb aber aufgibt, muss er ihn einem Nachfolger
übergeben oder die Ländereien der Gesellschaft zurückgeben.

Zweckgebundenes Gelände und Produktionsstätten müssen
auch einer gewissen Besitzstandswahrung unterliegen, solange
sie von den Unternehmern oder Verwaltungen und
Dienstleistern zweckdienlich genutzt werden.
Aber logischerweise darf Grundbesitz niemals endgültig in
vererbbares Privateigentum überführt werden!
Theoretisch könnten sonst ja Superreiche ganze Städte
aufkaufen und die Einwohner verjagen. (in die Wüste
schicken!)

Nachfolgend einige Gedanken zum Umweltschutz:

Wenn wir die Silvesterknallerei abschaffen, hat das angeblich
denselben Effekt, wie 53 Tage Diesel Fahrverbot!
Das eingesparte Geld könnte dazu verwendet werden, die
arbeitslosen Pyrotechniker zu entlohnen, oder man könnte
selbst auf den Betrag und 5 Stunden Arbeit verzichten und
diese dem arbeitslosen Pyrotechniker überlassen, dann könnten
400 Arbeiter pro Jahr je 5 Stunden weniger malochen und
einen Kollegen hinzugewinnen.
Die Luft bliebe am Jahreswechsel sauber und die arme Tierwelt
und kranke Menschen müssten an Silvester nicht unnötig
leiden. (Das wäre doch schon mal was?)

Auch die Formel1 – Veranstaltungen könnten sofort ersatzlos
gestrichen werden, denn sie dienen alleine der
Ressourcenverschwendung (Material und Nutzflächen,

Bauland, Grünanlagen) und erzeugen völlig unnötige
Umweltbelastungen durch Reifenabrieb und Abgase und Lärm.
Außerdem provozieren die Rennen Unfälle und Staus, weil sie
ihre Konsumenten dazu verführen, nach dem Genuss des
Spektakels auch zu rasen und den Verkehr zu gefährden. Das
Argument, dass bei solchen Veranstaltungen technische und
sicherheitsrelevante Erkenntnisse gewonnen werden, kann
nicht anerkannt werden, weil sie nicht unter realen
Bedingungen und mit handelsüblichen Fahrzeugen ausgeführt
werden.

*Wenn wir unseren gesamten Konsum auf ein sinnvolles Maß
reduzieren würden, wenn wir weniger Klamotten kaufen
würden und weniger verschwenden würden und möglichst viel
Selbstversorgung betreiben, dann müssten die
Industrieschornsteine auch weniger rauchen und könnten
somit das Problem der Verbrennungsmotoren minimieren!*

Wenn wir weniger transportieren würden, dann könnten wir
ganz gemütlich die Infrastruktur und Industrie für Elektroautos,
oder Wasserstoffautos, aufbauen und mit einigermaßen
ruhigem Gewissen unsere Diesel bis zur Nutzungsgrenze
fahren, denn die verzögerte Verschrottung eines Dieselautos
und der dadurch verzögerte Rohstoffverbrauch für ein neues
Vehikel gleicht sicher die leicht erhöhte Feinstaubbelastung
gegenüber den E-Fahrzeugen und anderen
Fortbewegungsmitteln aus, wenn wir berücksichtigen, dass die
Herstellung und spätere Entsorgung alternativer Fahrzeuge ja
auch die Umwelt belastet.

Wer einen Rasen am Haus hat, der sollte da lieber Blumen und
Radieschen züchten, statt mit Lärm und Energie
Verschwendung, jede Woche die Nachbarn zu ärgern.

Und wer noch einen richtigen Nutzgarten hat, der/die sollte

sich wieder in den Genuss selbst geernteter Eier bringen und
so einige Hühner vor der üblen Massentierhaltung schützen
und dabei sinnvoll die Küchenabfälle "entsorgen"...

**Weltweit müsste ein Gesetz erlassen werden, das
vorschreibt, dass alle Waldflächen, die einem Feuer zum
Opfer gefallen sind, oder „heiß gerodet" wurden,
unverzüglich wieder aufzuforsten sind.**

Aus den Ausführungen auf den vorigen Seiten dieses Buches
sollten die Leser/innen erkannt haben, dass die Schere
zwischen Arm und Reich unweigerlich entstehen und wachsen
musste, weil wir ein kapitalistisches, demokratiefeindliches,
Investoren begünstigendes Wirtschaftssystem haben.

Dieses ist zu reformieren und den naturwissenschaftlichen
Erkenntnissen anzupassen.
Wir sollten die beiden Disziplinen „Ökologie" und
„Ökonomie" nicht weiterhin getrennt betrachten, sondern in
der Forschung und Praxis zusammenführen, in gegenseitiges
Abhängigkeitsverhältnis bringen. (Ökonomologie oder
Ökologonomie?)
Das Wirtschaften sollte vorrangig der Deckung des natürlich
vorhandenen Bedarfs der Bevölkerung dienen.
Der Missbrauch der Wirtschaft um Zwecke der persönlichen
Bereicherung sollte geächtet werden.

Unser Geld:

Die ersten Münzen aus Edelmetall wurden wohl etwa 1200
Jahre vor unserer Zeitrechnung in China geprägt und 500 Jahre

danach wurden in Lydien (heute Westanatolien) während der
Regentschaft von Krösus Münzen aus Elektron in Umlauf
gebracht.
In Zeiten des Tauschhandels war Geld, waren die Münzen,
Tauschobjekte, die dem tatsächlichen Gegenwert der
empfangenen Ware oder Dienstleitung entsprachen.
Die Einführung des Geldes war eine Rationalisierung des
Handels, weil auf das Verfahren des „Ringtausches" verzichtet
werden konnte, in welchem es ja die Schwierigkeit gab, dass
auf demselben Markt oft erst weitere Händler/innen gefunden
werden mussten, deren Angebote und Nachfragen in das eigene
Konzept passten:
Zum Beispiel bietet A eine Ziege an und sucht ein Schaf; er
findet einen Interessenten für sein Tier, der will aber zwei
Gänse eintauschen... ein anderer Händler bietet zwar ein Schaf
an, will aber 6 Hühner…
Bis alle Marktteilnehmer zufrieden sind, ist ein reges Hin und
Her, eine enorme Anzahl von „Handwechseln" erforderlich.
Seit es Münzen gibt, die einen festen Vergleichswert haben,
kann der Käufer des Schafes dem Gänsehändler nun die
Tauschwährung in die Hand drücken und dieser kann damit
direkt zum Hühneranbieter gehen…
Vor Einführung des Geldes regelte der Markt tatsächlich die
Preise, das heißt, das Verhältnis zwischen Angebot und
Nachfrage verursachte unterschiedliche Handelsergebnisse:
einmal bekam man für ein Ferkel ein Lamm, ein anderes Mal,
wenn es viele Ferkel aber wenig Lämmer gab, war ein Lamm
zwei Ferkel wert…

 Mit der Einführung des Geldes war diese Tatsache leider nicht
ganz verschwunden, aber es kam eine neue Möglichkeit hinzu,
den Markt zu schröpfen:
Nämlich die Prägeberechtigten (Könige, Fürsten, Kirchen,
Landesherrn) kamen sehr bald auf die Idee, sich selbst an der
Herausgabe der Münzen zu bereichern indem sie sich den

sogenannten Schlagschatz zurückbehielten. Sie versahen die
Münzen mit einer höheren Kaufkraft, als es der Wert des
Metalls einschließlich Herstellungskosten tatsächlich war.
Da die aufgedruckte (eingeschlagene) Kaufkraft aber allgemein
anerkannt war, ergab sich daraus keine direkte Benachteiligung
zwischen den Händlern oder Nutzern des Geldes.
Es galt von jeher als Pfandersatz oder Einlösungsversprechen,
als Garantieurkunde für die jederzeitige Eintauschbarkeit gegen
Waren oder Dienstleistungen im Nennwert des Dokuments.

Tatsächlich war das aber der Einstieg in die Inflation.
Der tatsächliche Wert der Münzen entsprach nicht mehr dem
Wert des Kaufobjekts oder der empfangenen Dienstleitung.
Wir können davon ausgehen, dass die als „Kurantmünzen" in
Umlauf gebrachten Edelmetalle entweder ein geringcrcs
Gewicht hatten, als dem aufgedruckten Wert entsprach, oder sie
aus Legierungen mit einem Anteil minderwertigerem Metalls
hergestellt wurden.
Zum Beispiel konnte der Metallwert einer 5 Unzen Gold
vertretenden Münze nur 4 Unzen betragen; ein Geldwechsler
hat dann natürlich auch nur den Gegenwert von 4 Unzen Gold
dafür gegeben während der Prägeberechtigte eine Unze Gold in
seinen Palast oder seinen Lebensstil steckte…
Vor der Einführung des Papiergeldes waren die Münzen aber
Surrogate (Ersatzdokumente oder gleichwertige Tauschobjekte)
mit Einlösungsgarantie für eine entsprechende Gegenleistung.
Ursprünglich galt die Einlösungsgarantie auch für das
Papiergeld. Der Wert des aufgedruckten Betrages lag
gewöhnlich in Gold in einem Safe der Bank, die den
Geldschein abgegeben hat.
Der Geldschein selbst ist nahezu wertlos, aber er stellt eine
Schuldurkunde dar, oder eine Garantiezusage, aufgrund derer
der Inhaber die Herausgabe eines Sachwertes (Devisen,
Edelmetall, Grundstück, Immobilie…) oder einer
Dienstleistung verlangen kann, wobei systembedingt der

wertmäßige Anspruch mit der fortlaufenden Inflation sich
ständig verringert.
Mit der Abkehr von der materiellen Absicherung der in Umlauf
gebrachten Münzen und Banknoten (durch Gold oder andere
Sachwerte) und der Hinwendung zu den imaginären Guthaben
auf Girokonten, ist Geld reine Vertrauenssache geworden...

Teil 2

Begriffe und Vorgänge aus dem Wirtschaftsleben

Begriffserklärungen und kritische Betrachtung der entsprechenden Wahrnehmungsmanipulationen :

Wenn nachfolgend von „Lügen" die Rede sein wird, dann sind damit vorsätzlich irreführende Aussagen oder Bezeichnungen gemeint, oder das bewusste Verschweigen wesentlicher Eigenschaften.
Sie werden beim Lesen der folgenden Seiten auch einige Dinge wiederfinden, die bereits im 1. Teil angesprochen worden sind, bitte stören Sie sich nicht daran, in diesem Teil will ich ja einige alternative Betrachtungsweisen aufzeigen und Sie ermutigen, Ihre eigenen Ideen daraus weiterzuentwickeln.

Besitz, Eigentum, Vermögen

Diese Begriffe werden oft verwechselt; dabei ist der Unterschied ganz einfach zu erklären:
wenn ich einen Garten *pachte*, dann werde ich *Besitzer* desselben; damit habe ich das wirtschaftliche Nutzungsrecht, darf aber ohne ausdrückliche Genehmigung keine bleibenden Veränderungen vornehmen.

Wenn ich das Grundstück *kaufe,* dann werde ich *Eigentümer.* und kann, im Rahmen der geltenden Gesetze, beliebig darüber verfügen. Ich kann dauerhafte Veränderungen ausführen, Gebäude errichten oder vorhandene abreißen oder renovieren

und kann verschenken, vererben, verpachten oder auch wieder
verkaufen.

Das *Vermögen* einer Person, eines Kollektivs oder eines
Wirtschafts- Subjektes beinhaltet alle ***in Geld bewertbaren***
(oder schätzbaren) Güter und Rechte (z.B. Grundstücke,
Gebäude, Produktionsanlagen und Forderungen) die nach
Bereinigung durch alle Verbindlichkeiten *im Eigentum* dieser
Einheit verbleiben.

Sponsoring

Wir sollen darunter eine freiwillige Spende, (ein Geschenk
oder ein Opfer) verstehen.
In Wahrheit *ist* es aber oft nur eine geringfügige *Rückgabe*
von vorher zu viel abverlangten Gegenleistungen (*überhöhte
Preise, Zinswucher oder zu wenig bezahlter Arbeitslohn*).
Beispiel:
Ein Sportverein spart für den Bau einer neuen Turnhalle 10
Jahre lang aus den Beiträgen seiner Mitglieder auf einem
Gemeinschaftskonto bei der Bank X 50% der erforderlichen
Summe an, meinetwegen 100.000€.
Im Sparvertrag wurde dem Verein ein Guthabenzins von 2%pa
zugesprochen.
Nach der zehnjährigen Ansparphase nimmt der Sportverein bei
seiner Bank ein Darlehen für die Restfinanzierung seiner
Turnhalle auf; hierfür verlangt das Kreditinstitut 5% Zinsen
jährlich. *(Und kassiert dazu selbstverständlich noch eine
saftige Bearbeitungsgebühr*!)
Allein aus dem Verdienst, den die Bank in den vergangenen 10
Jahren mit der Ausleihung der Sparbeiträge des begünstigten
Vereins an fremde Kreditnehmer erwirtschaftet hatte, könnte
sie die Einweihungsfeier der Halle sponsern!

Die finanzielle Unterstützung der Einweihungsfeier wirkt, als angebliches Geschenk, aber optisch besser, als wenn das Geldinstitut schon von Vertragsbeginn an eine Verringerung der Unterschiede zwischen Spar- und Kreditzinsen gewährt hätte! Statt 2% Jahreszinsen hätte es ja auch 4,5% geben können, oder statt 5% für den Kredit nur 2,5% gewähren, dann hätten die Geldmakler immer noch genug an dem Sportverein verdient!

Sponsoring ist oftmals reine Augenwischerei, es handelt sich dabei meistens nur um eine geringfügige Rückerstattung von zuvor realisierten Übervorteilungen der „Beschenkten"!
Es kann aber auch eine „Anfütterung" sein, wenn eine Ausbeutung erst später erwartet wird, wenn die Zuwendungen Werbeausgaben sind, die später auf das Firmenprodukt oder den Eintrittspreis aufgeschlagen werden.

Unbegründete Angst vor Bankpleiten

Es ist schon erschreckend, wie sich Politiker/innen dazu hinreißen lassen, ihre Steuerzahler zu verpflichten, das Fehlmanagement von Bankchefs (*und deren damit **gewonnene Provisionen und Villen***) zu finanzieren! Warum dürfen deren „Verluste" in Privatjachten und Luxuslimousinen angelegt bleiben, statt sie in das Geschäftsvermögen zurückzuführen?

Während ein Kunsträuber aus gleichem Grund nicht Schadensersatz von uns fordern kann, für entgangenen Gewinn, wenn er im Museum versehentlich nur ein billiges Plagiat entwendet hat, statt des vermeintlichen Originals?

Es ist die (*erpresserische*) Drohung der Bankenleute, dass sie – falls wir sie nicht retten - der Wirtschaft ja angeblich keine Kredite mehr geben können. Sie verbreiten das Horrorszenario: „ keine Innovationen mehr, keine Firmengründungen, keine

Importe…die Wirtschaft bricht zusammen, Arbeitsplätze und
Steuereinnahmen verschwinden"!
Das ist Unsinn! Raiffeisen und andere vernünftige Menschen
haben es schon längst bewiesen:

Wir brauchen die sogenannten privaten Geschäftsbanken nicht
unbedingt, sie sind doch ohnehin nur – sehr teure - Handlanger
oder Makler im Finanzierungsgeschäft, deren Haupttätigkeit
darin besteht, Zahlen zwischen verschiedenen Konten
umzubuchen!

***Warum sollen unbedingt die Banken die Gelder von Privat
einsammeln, um sie – unter Wegnahme von Kaufkraft
(Zinsen und Vermittlungsgebühren) – an Industrie,
Handwerk und Handel weiterzuleiten***?

Könnten das nicht auch private Finanzierungsvereine bzw.
Genossenschaften, erledigen; oder kommunale Einrichtungen
ohne Gewinnstreben?
– im Internetzeitalter kann das sogar - durch (fast kostenlose)
Direktkontakte zwischen den Produzenten und ihren privaten
Geldgebern   geschehen!
In diesem Zusammenhang erscheint es mir auch äußerst
suspekt, dass öffentliche Investitionen nicht mit billigem Geld
von den Nationalbanken direkt (oder von der EZB) finanziert
werden dürfen, sondern dass dafür zwingend der Umweg über
teure Geschäftsbanken vorgeschrieben ist!
 Die vorgeschobene Begründung dafür ist unzureichend:
 Angeblich seien es die Erfahrungen aus Nationalbank
finanzierten Kriegen (und anderen staatlichen
Verschwendungen) die das heutige Verbot erforderlich
machten.
Was nützt so eine Regel, wenn sie ganz leicht durch die
Hintertüre umgangen werden kann, wenn es erlaubt ist,
dieselbe Finanzierung auf *indirektem* Weg (nur noch

belastender/teurer für die Steuerzahler) über private
Geschäftsbanken zu erlangen, die genau dieses Geld erst von
den LZB´ n oder der EZB holen, um es dann – höher Zins
belastet - an die Behörde weiterzureichen?
*Der einzig erkennbare Erfolg dieser Vorschrift ist die
Bereitstellung einer sicheren Einnahmequelle für die privaten
Kreditinstitute, was die Steuerzahler unnötig zusätzlich
belastet!*

**Wie kann das Problem der Finanzierung gelöst werden?
 Es ginge auch ohne Geldinstitute**!

Sparwilligen Bürgern und Kommunen, aber auch
Geschäftsgründern mit Finanzierungsbedarf könnte
folgendermaßen geholfen werden:
Jede Gemeinde unterhält eine kommunale Spar- und
Darlehenskasse; Bürger, die Geld wertbeständig zurücklegen
können und wollen, zahlen dieses dort ein. Sie erhalten von der
„SDK" Urkunden in denen die Höhe der einbezahlten Beträge
bescheinigt wird und die Zusage der Behörde, dass die Gelder
in voller Höhe und mit der Vergütung des jeweiligen
Inflationsausgleichs – entweder bei Bedarf, oder zu einem
bestimmten Zeitpunkt- zurückbezahlt werden.

Die Kommune kann kostengünstig aus diesen Einzahlungen
ihren eigenen Finanzierungsbedarf abdecken (evtl. sogar
steuerliche Vorteile gewähren), oder entsprechende Beträge an
Firmengründer (im weiteren Sinne) weiterleiten, von denen sie
eine angemessene Kredit- Überlassungsgebühr verlangt.
Letztere setzt sich zusammen aus der Bearbeitungsgebühr, evtl.
einer „Hypothekengebühr" und einem Inflationsausgleich.

Die Finanzwirtschaft, wie sie heute funktioniert, ist ja keine
Einrichtung zur Wertschöpfung, sondern sie bedient sich der

(schmarotzerhaften) Abschöpfung aus der Wertschöpfung
anderer. Dies geschieht über die Vereinnahmung von
willkürlich festgesetzten Zinsen, Provisionen, Tantiemen und
dergleichen.

Alle sogenannten Einkünfte aus Kapitalanlagen schmälern auf
der anderen Seite die Verdienste der tatsächlich produzierenden
Menschen und verteuern zusätzlich die Konsumgüter.
Dadurch wird die Schere zwischen Arm und Reich stets größer.
Deswegen müssen die normalen Familien heute immer mehr
Arbeitsstunden leisten, oder Arbeitskräfte stellen, wenn sie
nicht verarmen wollen.
Einkünfte aus Kapitalanlagen, also die Gewinne der
Spekulanten oder Anleger, belasten die Nichtanleger quasi als
Schuldzinsen.

Solange sich die Kaufkraft des Geldes wegen der ständigen
Abzweigung von Zinsen, Provisionen und dergleichen stets
verringert, müsste für die Bezahlung der Löhne und Gehälter
ein anderes, ein inflationsresistentes, Mittel zur Vergütung ihrer
Leistungen eingeführt werden.
Zum Beispiel könnte ein Monatsgehalt sich wertbeständig
anbieten, indem vom Arbeitgeber die monatlichen Mietkosten
seines Arbeitnehmers übernommen werden und eine
bestimmte Menge an Nahrungsmitteln, Kleidung und der
Zugang zu Kultureinrichtungen gestellt werden, oder ein
Warenkorb oder Gutscheine.

Statt als Lohn jeden Monat einen bestimmten, inflationsbedingt
mit immer geringer werdender Kaufkraft belegten, festen
Geldbetrag zu überweisen, wäre es sinnvoller, die monatlichen
Festbeträge durch progressive Gehälter zu ersetzen. Die
Gewerkschaften sollten sich bei künftigen Tarifverhandlungen
nicht auf immer längere Vertragslaufzeiten einlassen, sondern
monatlich angepasste Gehälter fordern!...

Grundsätzlich kann der teure Umweg über Banken umgangen
werden, wenn der Kreditbedarf bei den privaten Geldgebern
direkt eingesammelt wird, entweder durch elektronische
Kommunikation, durch Zeitungswerbung oder über
kommunale Nachrichtenwege oder Sammelstellen.
Die Kreditgeber (bisher die Girokonteninhaber/innen)
beauftragen die „SDK" oder bezahlen persönlich beim
Kreditnehmer ein, dafür erhalten sie entsprechende
Schuldurkunden, gegebenenfalls Hypotheken ähnliche
Eigentumsnachweise.
(bis sie ihr Geld – erhöht um den jeweiligen Inflationsausgleich
zurückbekommen, bleiben sie Mitinhaber der mit ihrem
Darlehen gegründeten Firma und sollten anteilig am
Geschäftserfolg beteiligt werden) …

Inflation

Eine Inflation wird einerseits durch höhere Gewalt verursacht
(Krieg, Naturkatastrophen, Vandalismus…), andererseits durch
Misswirtschaft und Fehlplanungen, willkürliche
Preisgestaltung oder Marktmanipulation, aber heute dürfte den
Löwenanteil die Wert**ab**schöpfung in Form von Zinsen und
Provisionen ausmachen.
Der hausgemachte Inflationsverlust zu Lasten der werktätigen
Bürger/innen einer Volkswirtschaft häuft sich in Bankpalästen
und Privatvillen oder Segeljachten, die aus den Zinsen und den
Provisionseinkünften für Manager und Vermittler im
Bankwesen, im Immobilienbereich und der Assekuranz
finanziert wurden.

In Wirtschaftskreisen beschäftigt man sich hauptsächlich mit

Nachfrage - und Angebotsinflation:
Bei der Nachfrageinflation steigen die Preise, wenn die
Nachfrage nach Konsumgütern höher ist, als das Angebot.

Bei der Angebotsinflation erhöhen die Anbieter die Preise, um
mehr Profit zu erwirtschaften. Das hat zur Folge, dass auch die
Lohnforderungen steigen.
Deswegen werden wiederum die Preise erhöht, was zu
weiteren Lohnforderungen führt.
So entsteht die sogenannte „Preis-Lohn-Spirale".
Es kann aber auch eine „Lohn-Preis-Spirale" erzeugt werden,
wenn die Produzenten auf Lohnforderungen reagieren, indem
sie die Preise erhöhen und die Gewerkschaften mit weiteren
Lohnforderungen antworten.
Im globalisierten Wirtschaftsraum kann es aber auch dazu
kommen, dass Inflation importiert wird, weil die
Wareneinfuhren sich verteuern, weil die Lieferanten höhere
Preise erzielen wollen, oder weil sich die Währungsparitäten
verändern.
Der selbe Effekt wird auch erzeugt, wenn heimische Produkte
im Ausland eine erhöhte Nachfrage erfahren, sodass im
Exportland für die einheimischen Käufer eine
Güterverknappung entsteht, die von den Produzenten für
höhere Preisforderungen ausgenutzt wird.

Für eine Volkswirtschaft kann es aber auch einmal sinnvoll
sein, vorsätzlich eine Inflation herbeizuführen, um die
Schuldenlast und die Zinsbelastung für den Staatshaushalt zu
mindern.
Seit Einführung der Eurowährung soll die Europäische
Zentralbank dafür sorgen, dass die jährliche Inflationsrate etwa
bei 2% liegt. Dazu ist es hin und wieder erforderlich, die
Notenpresse zu aktivieren oder den Leitzins anzupassen.

Transparenz/Preisauszeichnungspflicht

An dieser Stelle soll ein kurzer „offener Brief" genügen:

Liebe Händler/innen !

Nachdem ich Mitreisende in der Bahn über die „Preisidiotie"
an deutschen Tankstellen reden hörte und gelesen habe, dass
selbst ein bekanntes Handelsunternehmen mit dem
„Preiswahnsinn" Schluss machen will, habe ich überlegt,
wieweit Wahnsinn und Idiotie auseinander liegen.
Jedoch das Philosophieren nützt im Zusammenhang mit der
Preisgestaltung wohl nichts.
Ich habe aber eine persönliche Bitte an Sie:
Machen Sie doch bitte Schluss mit diesen albernen
Preisauszeichnungen an Ihren Produkten bevor uns die
„Preisidiotie" in den Wahnsinn treibt, denn dann verlieren Sie
uns doch als Kunden!

Wir können diese vielen Neunen fast gar nicht mehr ertragen
und finden es schon lächerlich, dass Sie immer noch meinen,
dass wir diese abgeschmackten Zahlen noch wahrnehmen,
*zumindest die intelligenteren Käufer/innen haben sich schon
längst abgewöhnt, die Ziffern hinterm Komma zu lesen; das
sind doch sowieso meistens die armen, strapazierten* Neunen,
die uns eine knappe Kalkulation vorgaukeln sollen und – mit
Blick auf die Vorkommastelle - einen viel günstigeren Preis
suggerieren sollen, als wir bezahlen müssen.
Ganz am Anfang, als die ersten Händler uns mit diesem Trick
die Preisvergleiche erschweren wollten, da konnten wir noch
reingelegt werden; aber das ist inzwischen abgeschmackt, es ist

der Gipfel der Frechheit und ein Beweis für Ihre Nicht-
Wertschätzung Ihrer Kunden, wenn Sie ganz offensichtlich
damit kalkulieren, dass wir so blöde sind, den Zweck Ihrer
Preisauszeichnungen nicht zu durchschauen! (natürlich müssen
wir nicht **König Kunde** sein, aber *Blödmänner?*)

**Also, die mündigen Käufer erhöhen doch schon
automatisch die Ziffer vor der ersten 9 um Eins!**

Wir lesen zum Beispiel die Preisangabe 399,99€ als 400€ und
1,79€ als 1,80€!
Vielleicht haben Sie ein paar Wochen lang Erfolg, wenn Sie
eine neue Verwirrungsstrategie einführen: zum Beispiel
könnten Sie nach dem Komma abwechselnd alle Ziffern von
0 bis 9 variieren, anfänglich würden wir uns dann wohl
tatsächlich auf die erste Zahl nach dem Komma konzentrieren
und die richtige Bewertung der Vorkommastelle verkennen.
Aber das wird nicht mehr so lange dauern, wie jetzt, bis ein
Gewöhnungseffekt eintritt und wir wieder den eigentlichen
Sinn Ihrer komischen Preisangaben erkennen.

Ich habe aber einen viel besseren Vorschlag; einen
Verbesserungsvorschlag gewissermaßen:
 Bieten Sie uns doch in Zukunft einfach **gerundete Preise** an;
dadurch sparen Sie Zählaufwand an den Kassen und erreichen
zügigere Bezahlvorgänge; dafür werden Ihnen das
Kassenpersonal und auch die Kundschaft danken! Und wenn
wir die teuren 1 und 2 Cent Stücke abschaffen würden, wäre
das Zählen der Kassenbestände rationeller und wir Steuerzahler
müssten nicht mehr die „Prägeverluste" subventionieren.

*Diesen Verbesserungsvorschlag betrachte ich als gemeinnützig
und verzichte auf eine Provision!*

Lohngerechtigkeit

In einer arbeitsteiligen Welt unterstützten sich die
verschiedenen Berufsgruppen gegenseitig, die eine könnte
ohne das Wirken der anderen ihre Aufgaben nicht mehr
erfüllen.
Darum sollte es eigentlich selbstverständlich sein, dass alle
Individuen einer Gesellschaft den gleichen (oder wenigstens
annähernd selben) Anteil am Gesamteinkommen erhalten,
vorausgesetzt, alle würden den gleichen Arbeitseinsatz
aufwenden.
Es ist ziemlich einleuchtend, dass Tagelöhner im
produzierenden Gewerbe – bei etwa gleicher Belastung- einen
einheitlichen Stundenlohn bekommen sollten, während
Schichtarbeiter/innen im selben Gewerbe zum Lohn zusätzlich
eine Erschwerniszulage erhalten müssen.
Erschwerniszulagen und Gefahrenzulagen müssen also
zwangsläufig zu angemessenen Unterschieden in den
Lohntüten führen.
Das ist leicht einzusehen, denn durch die Mehrbelastungen
wird die Leistungsfähigkeit eines Arbeitnehmers früher
erschöpft sein, als bei durchschnittlicher Belastung.
Es sollte aber auch eine Selbstverständlichkeit sein, dass jedes
Mitglied eines Kollektivs seinen Anteil am wirtschaftlichen
Bedarf – durch seine Beteiligung am Produktionsprozess- und
dem dadurch ermöglichten Verbrauch leistungsgerecht
verwirklichen kann und darf.
Die Pflichten gegenüber der Gesellschaft müssen in einem
ausgewogenen Verhältnis zu den eigenen Ansprüchen stehen,
die man an diese selber stellt.
Gerecht wäre es, wenn jeder Mensch der Allgemeinheit
wertmäßig genau das zurückgibt, was er von dieser insgesamt
im Laufe seines Lebens empfängt.

Das bedeutet, dass jedes Individuum während seiner
produktiven Lebensphase genau die Wertschöpfung
hervorbringen sollte, die es selbst in seinem Lebensverlauf
insgesamt verbraucht.

Jedes Gesellschaftsmitglied muss also während seiner
„Verdienstphase" alle diejenigen Mittel erwirtschaften, derer
es bedarf, um seinen Lebensunterhalt zu bestreiten, und
zusätzlich, um der Volksgemeinschaft diejenigen
Aufwendungen wieder erstatten zu können, die es von dieser
schon während der vorberuflichen Zeit empfangen hat
(Lebensunterhalt und Ausbildung) und die Zuwendungen, die
es im Alter erhalten wird (Renten/Pflege…).

Für den Handwerker würde das bedeuten, dass er - bei einer
angenommenen Lebenserwartung von 80 Jahren und einem
durchschnittlichen Gesamtbedarf von jährlich 10.000€ - binnen
50 aktiven Berufsjahren 800.000€ erwirtschaften muss. Er
muss also einen durchschnittlichen Brutto- Jahreslohn von
16.000€ anstreben; wobei 6.000€ den Sozialabgaben und
Steuerbeiträgen entsprechen, aus denen die empfangenen
Leistungen vor Eintritt in das Berufsleben refinanziert werden
können und die künftigen Renten.

Die Lehrerin muss – bei gleicher Lebenserwartung und
entsprechendem Lebensstandard- diesen Betrag mit ihren
Dienstleistungen innerhalb 40 Jahren erwirtschaften, muss also
jährlich etwa 20.000€ verdienen.

Der Hochschulprofessor müsste demnach – unter gleichen
Annahmen - den Gesamtverdienst innerhalb35 Jahren
erreichen, also einen Jahresverdienst von etwa 22.900€
bekommen.

Natürlich ist diese Vergleichsrechnung sehr vereinfacht;
selbstverständlich müssen die Inflation, die unterschiedlichen
Ausbildungskosten, Mobilitätsaufwendungen und
Erschwerniszulagen und der fiskalische Aspekt noch
hinzugerechnet werden.

Selbstverständlich bleibt die solidarische Behandlung und

Versorgungspflicht der körperlich oder geistig beeinträchtigten
Mitbürger/innen geboten.

*Dieses Beispiel soll ja nur verdeutlichen, dass ein
einheitlicher Stundenlohn nicht diskussionswürdig ist,
hingegen ein Mindestlohn und eine Einheitsrente nicht ganz
abwegig erscheinen.*
Nach obiger Logik konnte es – aus rein betriebswirtschaftlicher
Sicht- sogar stichhaltig begründet werden, warum **vor** der
Anpassung des Rentenalters (zwischen Männern und Frauen)
die Löhne geschlechtsbezogen scheinbar mutwillig zum
Nachteil der weiblichen Arbeitnehmerinnen gestaltet waren.

Der Unternehmer, der einem jungen Menschen die 3-jährige
Ausbildung in seinem Betrieb finanzierte, wolltc diese Kosten
ja irgendwie wieder hereinholen. Wenn er einen jungen Mann
ausbildete, dann konnte er mit einer Amortisierungszeit für die
Ausbildungsinvestition von ca. 50Jahren rechnen, hingegen,
wenn er eine weibliche Auszubildende einstellte, hatte schon
der Gesetzgeber dafür gesorgt, dass Frauen (obwohl sie eine
längere Lebenserwartung haben, als Männer) 5 Jahre früher
nach Hause geschickt werden mussten, das bedeutete dass der
Betrieb von einer Mitarbeiterin mindestens 10% weniger
Nutzen hatte, als von ihrem männlichen Kollegen; ergo konnte
er für sie nur 10% weniger für die gleiche Arbeit bezahlen, als
ihm.
Der Unterschied fällt natürlich noch höher aus, wenn man
bedenkt, dass für die Mitarbeiterin wahrscheinlich 10Jahre
Ausfall wegen Kinderangelegenheiten berücksichtigt werden
dürften, während bei dem männlichen Arbeitnehmer vielleicht
ein paar Monate Bundeswehrzeiten anfallen…
Leider wurde diese Tatsache fälschlicherweise dazu benutzt,
eine **willkürliche** Diskriminierung weiblicher Beschäftigter
gegenüber Männern zu unterstellen.
(dabei hatte man stets peinlich darauf geachtet,zu

verschweigen, dass die schon immer bestehende tarifliche Gleichstellung von weiblichen und männlichen Mitgliedern in der Beamtenschaft verschwiegen wird!)

Wenn es keine Spekulanten gäbe, könnte ein weltweit gültiges Lohn und Preissystem eingeführt werden, das auf einem einheitlichen Stundensatz für jede Berufsgruppe basiert, der unter Berücksichtigung der Ausbildungsaufwendungen und der möglichen „Dienstzeit" zu ermitteln ist.

Singlehaushalte und Energie

Als das Volljährigkeitsalter (die Mündigkeit) in Deutschland von 21 Jahren auf 18 Jahre reduziert wurde, mutmaßte ich, dass das nicht alleine auf die damals bestehende Diskrepanz zwischen der allgemeinen Wehrpflicht zum Wahlrecht zurückgeführt werden konnte, weil ja die Wehrpflicht nur für männliche Bürger galt; und die Menschheit ist auch nicht frühreifer geworden, aber in jener Zeit war die deutsche Wirtschaft auf Expansion und Absatzmärkte ausgerichtet; wenn plötzlich drei Jahrgänge einer Gesellschaft – zusätzlich zum bisherigen Bevölkerungsdurchschnitt - auf den Wohnungsmarkt drängen, drei Jahrgänge sich mit Kühlschränken, Radios, Möbeln und Heizenergie versorgen wollen, - *was für ein Segen! für die Wachstumsfanatiker. Könnte der Führerschein ab 16 auch eine ähnliche Anschub Wirkung für die Fahrzeugindustrie erzeugen?*

Liebe Leser/innen, haben Sie im Zusammenhang mit der Energiedebatte schon einmal einen Vorschlag zur Verringerung des Energiebedarfs durch Zusammenführung von Familienmitgliedern oder durch die Bildung von Selbstversorgergruppen und Wohngemeinschaften gehört?

***Die effektivste Art Energie zu sparen, ist nicht erwünscht,
weil sie nichts kostet, weil sie der Wirtschaft keine
zusätzlichen Einnahmen bringt!***

Die Maßnahmen zur Wärmedämmung und Erzeugung
alternativer Energien fanden dagegen schon breite
Zustimmung, bevor überhaupt erkennbar war, ob sich diese
Maßnahmen auch noch tatsächlich als effektiv einstufen lassen,
wenn der zusätzliche Ressourcenverbrauch und *die
Herstellungsaufwendungen* und die später unweigerlich
erforderlichen *Entsorgungskosten und Umweltbelastungen*
überschaubar sein werden.
*(Ganz zu schweigen von   den Folgen der Eingriffe in die
Natur. Die Herstellung und Entsorgung von Dämmstoffen
belastet die Umwelt schließlich auch!).*

Dabei wäre doch die Frage viel wichtiger gewesen, wie wir mit
dem vorhandenen Angebot der Energielieferanten auskommen
können, oder wie man den Energiebedarf kostenneutral (oder
sogar sparend) senken kann!?
Ja, ein paar brauchbare Vorschläge gab und gibt es;
vorausschauend Auto fahren, nur noch energiesparende Geräte
anschaffen, Fahrgemeinschaften bilden, länger nicht benutzte
Elektrogeräte ganz abschalten, (Stand - by Taste),
Fußballspiele bei Tageslicht (statt unter Flutlicht),
Temperaturregler an Heizkörper installieren und viele andere
mehr;   aber die meisten sind nicht einmal kostenneutral,
geschweige denn, tatsächlich kostensenkend! Auch Energie
sparende und CO2 reduzierte Einrichtungen werden Umwelt
belastend hergestellt und entsorgt.-
Warum hat man nicht ein bisschen in die Vergangenheit
geschaut?

Wenn in einem Haushalt fünf Personen leben, muss dann in fünf Zimmern das Licht brennen, müssen fünf Zimmer auf mollige Wohnraumtemperatur beheizt werden?
Muss jedes Familienmitglied für den Konsum desselben Filmes einen eigenen Fernsehapparat anschalten? Müssen die erwachsenen Kinder abgeschlossene Wohnungen und eigene Herde haben, müssen drei unausgelastete Waschmaschinen in drei verschiedenen Etagen eines Wohnhauses für drei Mitglieder ein und derselben Familie laufen..?

Ich meine, bevor wir uns Gedanken darüber machen, wie wir den angeblich vorhandenen hohen Energiebedarf sichern können, sollten wir alle Möglichkeiten ausschöpfen, den Energieverbrauch zu senken - und zwar vorrangig, ohne erst Energie zu verschwenden um Wärmedämmung (und die daraus resultierenden Industriegewinne) zu finanzieren, möglichst ohne Abwrackprämien und Neuinvestitionen.

Die hastige Verspargelung der Landschaft mit Windkraftanlagen könnte sich in einigen Jahren als Fehlinvestition herausstellen, wenn die Summe der dadurch verursachten Umweltbelastungen und Investitionen bekannt ist, die durch die erforderlichen Baumaßnahmen, Geländeverbrauch, Herstellungsbedarf und Entsorgungsmaßnahmen, Transporte, Beeinträchtigung der Lebensqualität der Anwohner, Beeinträchtigung der Tierwelt und Pflanzenwelt bekannt sind.
Zu den ökologischen Auswirkungen kommen noch die ökonomischen Folgekosten hinzu, wie zum Beispiel Preisverfall der Immobilien im Nahbereich der Anlagen und Verteuerung der Immobilien allgemein, wegen Landverbrauch, Abholzung und zusätzliche Verkehrswege...

Allein das erforderliche Baumaterial, der Ressourcenverbrauch

und die Folgekosten aus den erforderlichen Arbeitseinsätzen
könnten die Vorzüge der Windenergie gegenüber alternativen
Maßnahmen sehr stark verringern...
Um das Klimaziel mit Windenergie zu erreichen wird erst eine
gehörige Menge Ressourcen verbraucht und CO2 in die
Umwelt geblasen!
Im Verteidigungsfall wären Windkraftanlagen die ersten
Angriffsziele.
Wieso prüft man nicht erst andere, schonende oder bereits
vorhandene Anlagen.
Vielleicht ist eine dezentralisierte, verbrauchsnahe Nutzung der
Wind und Wasserkraft effektiver:
alte Mühlen reaktivieren, die Aufwinde an Hochhäusern mittels
vertikaler oder zylindrischer Rotoren nutzen, Erdwärme und
Stallmist. Vorläufige Weiternutzung herkömmlicher Anlagen
nach Aufrüstung mit Katalysatoren und Filtern. -

Brainstorming *zur – möglichst umweltschonenden,
kostengünstigen - Reduzierung des Energieverbrauchs*:

Ganz wichtig; unnötige Transportwege vermeiden;
individuelle oder kommunale Energieversorgung anstreben.
Als Zusatznutzen bei Störfällen sind nur relativ kleine
Einheiten betroffen, da kann Nachbarschaftshilfe effektiv
greifen.
Nachtarbeit auf das dringend nötige Maß begrenzen, damit die
Umwelt sich etwas erholen kann und viele Lärmgeplagte
besser schlafen können.
Konsumprodukte (Nahrung/Kleidung…) möglichst
verbrauchsnah (Garten, Kleinbauern, Dorfmühle…) herstellen.

Viehzüchter könnten sogar die Wärmeabgabe ihrer Tiere in
Heizenergie umwandeln…
ich bin übrigens immer noch nicht davon überzeugt, dass das
Einpacken der Häuser in Kunststoffhüllen tatsächlich noch so
nützlich ist, wenn man **zusätzlich lüften muss, und wenn
man alle** Herstellungs-, Transport-, Finanzierungs- und
Entsorgungskosten und Umweltbelastungen berücksichtigt.
 Aber es verschafft der Industrie wenigstens Gewinne!
Vielleicht könnte eine Anpassung unserer
Ernährungsgewohnheiten an die Erntezeiten den Bedarf an
Gefrierschränken und Energie raubenden Ferntransportern
reduzieren;

bitte selber weiterdenken –

        Ein Patentrezept will (und kann) ich nicht
liefern, aber vielleicht hiermit eine Anregung zu eigenen
Überlegungen geben:

*Mit an Sicherheit grenzender Wahrscheinlichkeit könnten
wir unseren gesamten Energiebedarf aber stark
zurückschrauben, wenn wir dem allgemeinen Konsumterror
(im weitesten Sinne) abschwören*!

Dazu gehören auch angepasste Arbeitszeiten statt der Praxis
der Zeitumstellung im Wechsel zwischen Sommer und
Winterzeit.

*Und ganz wichtig! Kleinanleger könnten ihr Geld ziemlich
krisensicher in Erzeugergemeinschaften oder
Einkaufsvereinen anlegen, bei denen sie dann selber
mitbestimmen und mit profitieren, oder mit gärtnern, ohne
sich einem teuren Manager auszuliefern!*

Der (vielleicht) **tiefere Sinn von Kindertagesstätten**

Elterngeld, Erziehungsgeld, Betreuungsgeld, Kitas, Hortplätze,
Krippen…
da werden ständig neue Begriffe   geprägt und Vorschläge
unterbreitet, wie wir unseren Nachwuchs am besten fördern
können/wollen/sollten…
Befürworter/innen und Gegner/innen führen öffentlich
Redeschlachten darüber, wie wir unseren jungen Frauen das
Kinderkriegen schmackhaft machen und erleichtern können
und wie der Nachwuchs am besten und kostengünstigsten
gefördert werden kann. Und Buchautoren und Ratgeberinnen
bieten, gegen geringes Entgelt, ihre angeblichen
Fachkenntnisse an.
Wenn die Ratschläge und die Gründe für solche Diskussionen
auf den Tisch kommen, dann sollen wir vorrangig die
demografischen Aspekte, die Rentenaussichten sowie die
Sicherung des Familieneinkommens   und die
Entfaltungsmöglichkeiten emanzipierter Mütter vor Augen
haben.
Ist denn die Entfaltungsmöglichkeit in einer eintönigen Arbeit
an einem Fließband, oder unter der Regie eines Büroleiters als
Buchhalterin besser, als die vielseitige Hausfrauentätigkeit im
Austausch mit anderen Hausfrauen und Hausmännern?
Ich bezweifle das…

Manchmal schwingt in den Argumentationen auch das
angebliche Erfordernis der *chancengleichen* Vorbereitung der
Kleinen auf die Schule mit.

Und wenn ich diesen vielfältigen/vielsagenden Wörtlein
lausche, fangen bei mir im Hinterkopf die Glöcklein an zu
schwingen, zu klingeln:

Ich war nie in einem Kindergarten, meine Geschwister auch nicht. Wir haben vor der Einschulung weder das Lesen noch schreiben gelernt; dennoch hatten wir vom ersten Schultag an keine Probleme, wir haben unser Lernpensum genauso gut bewältigt, wie die „Kindergartenkinder".- oder noch besser. Nachdem ich später aber meine eigenen Kinder in den Kindergarten geschickt habe, konnte ich einen Unterschied erkennen, der mich nachdenklich stimmt:

Nehmen wir einfach mal an, dass das diskriminierende Wort **„Nur-Hausfrau"** nicht erfunden worden wäre, um dem deutschen Wirtschaftswunder nach dem zweiten Weltkrieg neue Arbeitskräfte zuzuführen; statt dessen hätte man sich darauf geeinigt, ***der Hausfrau ihren eigentlichen Status als Unternehmerin, der Chefin der kleinsten Wirtschaftseinheit innerhalb unserer Volkswirtschaft***, zuzugestehen, sie also für diese Einheit als Kanzlerin einzusetzen und ihren Gatten als Finanzminister (der hatte ja meistens den fiskalischen Part inne).

Das gesamte Familieneinkommen wäre also, je zur Hälfte, auf Mann und Weib aufgeteilt worden und demzufolge auch die Rentenanwartschaften daraus.

Schließlich muss doch jedes vernunftbegabte Wesen erkennen, dass der Ehemann, der Verdiener, andernfalls die Hälfte seiner Arbeitszeit dafür aufwenden müsste, um sein Essen zu kochen, seine Wäsche zu waschen und seinen Part an der Kindererziehung zu leisten, wofür er von seinem Arbeitgeber kein Geld bekommen würde.

Dann würde die Ehefrau diesen Teil der Berufsausübung - einen halben Arbeitsplatz- selbst übernehmen und nur noch die andere Hälfte des Haushaltes erledigen.

Nehmen wir weiterhin an, dass das Verhältnis zwischen Gattin und Mutter/Schwiegermutter altmodisch familiär geblieben wäre und Mehrgenerationen Wohngemeinschaften normal wären. Dann bestünde überhaupt kein Bedarf an

Kinderaufbewahrungseinrichtungen!

Das hätte aber zur Folge, dass *die Erziehung individueller*
wäre; unser Nachwuchs könnte nicht so einheitlich
herangezogen werden, er wäre später *schwerer manipulierbar*.
Die Gruppenzwänge zum Konsum derselben Marken, zum
Konsum derselben Medien, die gemeinsame Ausrichtung auf
einen einheitlichen Geschmack, die zielgerichtete, politische
und religiöse Wege Vorbereitung wären erschwert.
*Es ist vielleicht nur meine persönliche Befürchtung, dass der Vorteil einer
wirtschaftspolitisch kontrollierten Erziehung unseres Nachwuchses in den
Hinterköpfen der Verantwortlichen (vielleicht auch nur ganz unterschwellig)
mitschwingt....*

Nun, die Entwicklung ist kaum noch umkehrbar, wir wurden auf
einen wachstumskonformen Pfad gelenkt; wenn unsere
Kinder konzentriert nach einer einheitlichen Methode
und in uniformer Ideologie auf das Leben vorbereitet
werden, damit ihre Mütter (oder Väter), freigestellt
von Erziehungsaufgaben, *im Konsumterrorismus*
unbeschwert Frondienste für die Profiteure des
Wachstumswahns ableisten können, dann wissen die
wahren Herrscher/ innen unserer Gesellschaft später genau,
wie sie unsere Heranwachsenden zu ihren
angepassten Konsumenten weiterbilden
(*manipulieren*) können.-

Einige Tricks der (*liberal-sozialen*) Marktwirtschaft

Verpackungslügen

Da ich über dieses Thema schon mehrfach geschrieben habe,
begnüge ich mich hier mit einigen stichwortartigen
Ausführungen:

Marmeladengläser; beim Kauf von Brotaufstrich achte ich darauf, dass die Form der Gläser so gestaltet ist, dass ihr Inhalt vollständig mit Messer oder Teelöffel entnommen werden kann. Wir Konsumenten sollten erkennen, dass es nicht alleine die Unfähigkeit der Verpackungsdesigner/innen sein muss, die solche verkanteten und geschwungenen Formen hervorbringen, dass immer eine gewisse Restmenge des Inhalts mit den Gläsern/Tuben/Schachteln entsorgt werden muss, sondern dass der Wille der Produzenten dahinter stehen kann, uns immer etwas mehr Ware zu verkaufen, als wir tatsächlich verbrauchen und bezahlen. Wenn mir bei meinen diesbezüglichen Einwänden die vordergründigen Gegenargumente von Griffigkeit oder besserer Logistik entgegen gebracht wurden, dann konnte ich immer nur mitleidig lächeln: „Wieso ist das dann bei Honig oder Sirup anders?"

Verpackungslügen finden wir fast in jedem industriell gefertigten – verkaufsfertig verpackten - Konsumgut in folgenden Formen:
Mehrdeutige oder unverständliche Inhaltsangaben (hinsichtlich des Hauptproduktes und der – oft überflüssigen, nur Produkt streckenden – Zutaten).
Vortäuschung glücklicher Konsumenten und natürlich gereifter Früchte auf Etiketten in schriftlicher und bildlicher Darstellung.
 Vortäuschung eines Mengenvorteils durch optische Gestaltungsvarianten (unter Ausnützung von Licht und Schattenwirkungen, von Farbschattierungen und Formen oder mittels unerkennbarer Hohlräume) oder mit schriftlichen Fehlinformationen (mehrdeutige Vokabularien wie zum Beispiel Maxi oder Jumbo….)
Bei Mengen und Gewichtsangaben sollten die Verbraucher

auch erfahren, ob die minderwertigen Füllstoffe und das
beigefügte Wasser und dergleichen herausgerechnet sind.
Heimliche Gewichtsveränderungen zwischen einzelnen
Chargen oder Beifügung von wertlosen Zusätzen.

Diese Möglichkeit, die Verbraucher in der Eurozone zu
betrügen, wurde sogar vom Europaparlament vorsätzlich
erweitert, weil keine zuverlässig vergleichbare
Gewichtseinheiten mehr angegeben sind, oder so klein
geschrieben, dass die Kundschaft sie kaum lesen kann!
Das ist ein heftiger Schlag gegen preisbewusste Konsumenten
und wirft ein schlechtes Licht auf die verantwortlichen
Politiker/innen, das kann doch nicht die Umsetzung des
Wählerwillens gewesen sein?
Mengenangaben und Gewichtsangaben müssen grundsätzlich
durch 2 teilbar sein und Verpackungen für gleiche Produkte
müssen möglichst einheitliche Maße haben.

Inhaltslügen

Wenn ich auf einer Verpackung (neben den selbstverständlich
immer zufriedenen Mienen angeblicher Konsumenten) solche
nichtssagenden Hinweise finde, wie zum Beispiel:
*60% weniger Fett;   30% Zucker reduziert; mehr Vitamin C;
mit eingebautem Virenkiller; mit einem Schuss
Gehirnnahrung für glückliche Kinder…*
oder ähnlich unsinnige Behauptungen für vagen Zusatznutzen,
dann muss ich vor dem Kauf doch automatisch die Frage
stellen: „…als welches vergleichbare Produkt?" …."welche
Viren sind gemeint?" …"was für Gehirnnahrung denn…?" ;
und wenn auf der Verpackung keine nähere Beschreibung der
angeblichen Zusatznutzen zu finden ist, kaufe ich eben nicht!

Wenn ausnahmsweise doch einmal ein Zusatznutzen unter
Verwendung eines sinnvollen, kompletten Satzes angepriesen
werden sollte, muss ich mir dennoch die Mühe machen,
nachzuforschen, ob dem Produkt für diesen Vorteil nicht durch
die Verwendung von Austauschstoffen sogar andere Nachteile
beigegeben worden sind.
Wenn auf einer Wurstdose ein lächelndes Schwein unter einem
Kastanienbaum abgebildet ist, der Doseninhalt aber von einem
Tier aus Massentierhaltung stammt, wird mir vorgelogen, dass
ich etwas ganz anderes damit kaufe, als ich tatsächlich bezahle!

Preislügen und Rabattlügen

Eine der ersten Preislügen, die ich bereits 1972 verbieten lassen
wollte, waren die unsinnigen Benzinpreise; mein Argument:
„welcher Tankwart erstattet mir 0,3 Pfennig, wenn ich für
39,567DM tanke? Die 3. Stelle hinterm Komma wird an den
Zapfsäulen überhaupt nicht angezeigt! Das ist Betrug!
Entweder müssen wir Zehntel Pfennige einführen, oder die
Kalkulation muss Teilbeträge verbieten!
Unmögliche Preise dürften nicht erlaubt sein! Die
Preisangaben an den Zapfsäulen sind unzulässig, weil sie in
einer falschen (nicht existenten) Währung angegeben sind,
wenn es die Währung Zehntel Pfennig gar nicht gibt!“

Nichts hat sich bis heute getan, um diesem Unsinn Einhalt zu
gebieten! Im Gegenteil, in den letzten Jahren kam noch das
Verwirrspiel mit den täglichen Preisänderungen an den
Zapfsäulen hinzu und es findet sich kein schlauer Jurist, der
diese unverschämten Katz - und Mausspiele mit den
Autofahrern untersagt! *(obwohl das oft zu überflüssigen
Tankstellenanfahrten führt, weil manche Autofahrer diese
anfahren, wenn sie dort ein paar Minuten vorher beim
Spaziergengehen einen „günstigen“ Preis gesehen haben und*

doch enttäuscht, unverrichteter Dinge, wieder wegfahren,
wenn bei ihrer Ankunft mit dem Auto plötzlich wieder ein
höherer Preis angezeigt wird!) So machen die Ölmultis das
wieder zunichte, was gewissenhafte Autofahrer durch
vorausschauendes, Sprit sparendes, Fahrverhalten erreicht
hatten.

Allein die umweltschädlichen und unnötigen Wege, welche
die Tankkunden auf ihrer Suche nach einem günstigen Preis
täglich zurücklegen, **verursachen** bundesweit sicher einen
ansehnlichen, zusätzlich das Klima schädigende, Sprit
Mehrverbrauch, der **der Mineralölindustrie saftige
Zusatzeinnahmen** beschert!

Das absichtliche Verwirrspiel an den Tankstellen kann
offensichtlich nichts mit der so schnellen Preisänderung am
Rohölmarkt zu tun haben, sondern lässt die Vermutung *der
Kundenverachtung* und reinen Abzocke zu.

Die Preise müssten wenigstens 1 Woche gehalten werden!
(Es ist nicht anzunehmen, dass die Personalkosten im
Ölgewerbe auch täglich mit den Börsenwerten schwanken).

Geradezu lächerlich und geistlos wirkt die vorzugsweise
Verwendung der Ziffer 9 bei der Preisgestaltung des Handels;
schade, dass die absolute Anzahl der verfügbaren Neunen nicht
begrenzt ist, aber dieser Part ist ja schon mit dem „Offenen
Brief" weiter oben abgehandelt worden.

Ganz genau sollten Konsumenten und Kaufinteressenten
bestimmter Artikel auch hinschauen, wenn Schnäppchen oder
Sonderangebote feilgeboten werden; manches Mal ist das
angebliche Sonderangebot sogar teurer, als im regulären
Verkauf, oder für diesen wird ein bisher nie geforderter

Phantasie Preis in den Werbeflyer gedruckt!

*Übrigens, **Sonderangebot** muss ja nicht zwangsläufig als „billig und günstig" gelesen werden, das Wort an sich **trifft auch für** „**teurer**" zu. Sonderangebot bedeutet ja nur, dass ein besonderer (ein anderer, ein ungewöhnlicher Preis verlangt wird, der kann sowohl höher liegen, als auch niedriger, als der reguläre Preis!) Da kann ich nur sagen: „Mir scheinen fast alle Preisangaben in unserer Republik ziemlich un- normal zu sein!" Das ist beschämend, lächerlich und traurig zugleich!* Die Käufer und Käuferinnen sollten besonders **kritisch hinschauen**, wenn eine angebliche **Preisempfehlung des Herstellers** behauptet wird; diese sollten wir uns ja zwingend **vom Hersteller bestätigen lassen** dürfen!

Ebenfalls müssten wir das Recht haben, vom Hersteller zu erfahren, welche Händler er in unserer Nähe außerdem mit dem gleichen Produkt beliefert (selbstverständlich mit derselben Preisempfehlung).
Und wenn wir dann den Verkäufer mit dem – für uns - günstigsten Preis ermittelt haben, dann müssen wir noch die Liefer- und Garantiebedingen vergleichen (manches Mal erweist sich ein Schnäppchen im Nachhinein als Groschengrab: wird im „Garantiefall" die Ware kostenlos abgeholt/ gebracht/ getauscht/ beurteilt/ eingeschickt…?).
Ein ganz gemeiner Trick unter den Preislügen sind ja die Doppeletikettierungen; dadurch, dass ein angeblicher, stets deutlich lesbarer, Erstpreis durchgestrichen ist und scheinbar durch einen niedrigeren angeblichen Sonderpreis ersetzt worden ist, sollen uns Preisvorteile vorgegaukelt werden, die es gar nicht wirklich gibt.
 Wir sollen uns von einer schnellen Kaufentscheidung einen Zusatzgewinn erhoffen. Aber diese Methode darf uns nicht mehr an die früheren Sommerschlussverkaufsaktionen erinnern!

Heute sind das sehr oft reine Manipulationsmaßnahmen um
uns einen Kaufdruck aufzuzwingen; Vorsicht ist geboten! Nicht
unter Druck setzen lassen, erst mal prüfen, ob dieser Artikel
tatsächlich irgendwo und irgendwann zu dem angeblichen
Originalpreis verkauft wurde!

**Der Gesetzgeber sollte solche vorsätzlichen
Kundentäuschungen bei Strafe verbieten!
Jede Ware darf nur mit einem einzigen - dem gerade
aktuellen - Preis ausgezeichnet werden; ungültige Preise
sind zu entfernen oder unkenntlich zu machen!**

*Natürlich bezieht sich diese Aufzählung nur auf die häufigsten
Handels-Lügen, aufmerksame Konsumentinnen und Käufer
werden noch ganz viele Täuschungsabsichten in den Regalen
der Supermärkte und Handelsgeschäfte entdecken.*

Von Gebrauchsgütern zu Verbrauchsgütern

Es gab ja mal eine Zeit, da war das „Made in Germany" ein
weltweit anerkanntes Qualitätssiegel, das für gute Verarbeitung
und Wertbeständigkeit galt, wenn auch der ursprünglich
gewollte Sinn dieser Kennzeichnungen die internationalen
Käufer ermahnen sollte, die Erzeugnisse deutscher
Unternehmen zu boykottieren.
Aber, da die deutsche Industrie zwar aus Amerika – von Henry
Ford - die Fließbandproduktion schon übernommen hatte,
bevor sie auch das System der nutzungsverkürzenden
„Sollbruchstellen" importierte, haben deutsche Fabriken noch
langlebige Gebrauchsgüter auf den Markt gebracht, als die
Konkurrenz schon auf Verschwendung setzte. Deshalb war

deutsche Wertarbeit im Ausland gefragt.
Während ein deutsches Auto noch zum – fast lebenslangen -
Gebrauch hergestellt wurde, haben die Amis ihre Schlitten
schon so konzipiert, dass sie möglichst bald ihren Geist
aufgaben, also zum baldigen *Verbrauch.*

***Diese Tatsache ist ursächlich verantwortlich für die meisten
Umweltschäden und die Klimaerwärmung.***

Da wir nach dem verlorenen Krieg ja glaubten, dass alles Gute
aus den Staaten kommt, haben wir bis zum heutigen Tage
möglichst viel amerikanischen Lebensstil über den großen
Teich zu uns importiert und könnten mit unseren Produkten auf
dem Weltmarkt eigentlich nicht mehr punkten, weil unsere
Hersteller auch nur noch auf Verschwendung setzen.
Unser Export profitiert aber glücklicherweise immer noch vom
Mythos der deutschen Qualitätsarbeit. Das sichert uns
Arbeitsplätze und unseren Unternehmern Wohlstand.

 Die Wahrheit wird sich aber bald offenbaren und
entsprechende Veränderungen auf dem Weltmarkt hervorrufen.
Wenn ich mir nun aber überlege, dass ich alle 5 Jahre einen
neuen Fernseher finanzieren muss, weil seine Lebensdauer
bereits während der Herstellung absichtlich begrenzt wird, und
wenn ich keine Haushaltsgeräte, kein Fahrzeug und keine
Möbel mehr kaufen kann, an denen ich länger Freude habe,
freue ich mich gar nicht mehr darüber, weil ich erkenne, dass
ich ohne ständigen Investitionsbedarf ja mit viel weniger
Arbeitszeit den gleichen Lebensstandard beibehalten könnte,
wie heute. Ja, sogar mehr Lebensqualität genießen könnte.

***Die Verbrauchsgüter müssen ja nicht einmal billiger sein,
als identische Gebrauchsgüter,*** weder im Materialwert noch
im Herstellungsaufwand, bei der Produktion werden
gegenüber den langlebigen Gütern lediglich einige Teile in der

Konstruktion und beim Material so verändert, dass sie nach einer bestimmten Nutzungsdauer zwangsläufig ausfallen.

Und damit ein möglichst hoher Verschwendungsgrad (an Ressourcen) erreicht wird, sorgen die Hersteller dafür, dass möglichst keine Teile zu Reparaturzwecken wiederverwendet werden können.
Das nennen sie dann großspurig (irreführend!) Modernisierung!
Es gibt sogar einen eigenen Berufszweig, die Designer, die dafür sorgen müssen, dass ja kein Teil eines Produktes als Ersatzteil zu einem anderen Produkt passt; das wird uns dann als Ästhetik oder innovative Formgebung oder als künstlerische Tätigkeit - moderne Gestaltung - verkauft!
Mit den ursprünglichen Wirtschaftsbegriffen hat das alles nichts mehr zu tun:

Das Minimalprinzip; einen vorhandenen Bedarf mit möglichst geringem Aufwand decken,
das Maximalprinzip; mit den vorhanden (knappen) Mitteln einen möglichst großen Teil des Bedarfs decken.

Wirtschaftlich Auto fahren bedeutet demnach:
1000km müssen - nach dem Minimalprinzip - mit dem geringst
- möglichen Spritverbrauch zurückgelegt werden;
nach dem Maximalprinzip müssen mit einer Tankfüllung möglichst viele Kilometer zurückgelegt werden können.

Die Veränderung von langlebigen Gebrauchsgütern zu kurzlebigen Verbrauchsgütern ist mit diesen vernünftigen Wirtschaftsprinzipen nicht mehr zu vereinbaren, weil jetzt eine doppelte Maximierung angestrebt wird, nämlich ein möglichst hoher Produktverbrauch bei möglichst hohem Geldverbrauch, während nach den Wirtschaftskriterien ja eine der beiden Faktoren *eine feste Größe* sein muss; es soll hierbei

ja auch nicht tatsächlich um Wirtschaftlichkeit gehen, sondern
um die reine Befriedigung von Gier durch ein illusorisches
Minimax - Prinzip und das ist so sinnvoll, wie das Bestreben,
mit ein und demselben Schiff den Nordpol und den Südpol
gleichzeitig erreichen zu wollen; deshalb kann die
größtmögliche Verschwendung zugunsten der Profitgier
niemals ein Beitrag zum Umweltschutz und zum Wohlstand für
alle (oder eine größtmögliche Menschenmenge)
sein…

Manager

Ich war mit 27 Jahren Abteilungsleiter in einer
Einkaufsabteilung bei einer bekannten Weltfirma und bewarb
mich erfolgreich anderweitig auf einen lukrativeren Posten,
weil ich die Karriereleiter möglichst weit nach oben strebte.

Als ich mein Büro räumte und mich von meinen Mitarbeitern
und Mitarbeiterinnen verabschiedete, umklammerte ein älterer
Sachbearbeiter weinend meine Hände und bedauerte, dass ich
der erste Chef gewesen war, der ihn menschlich behandelt hatte
und dass er nun wieder Angst vor der Zukunft habe.
Das ging mir sehr nahe und ich fand die darauffolgende Nacht
kaum Schlaf, weil ich über das Verhältnis zwischen Managern
und ihren Untergebenen grübelte.
Dabei fiel mir auf, dass viele Führungskräfte ihre Mitarbeiter
tatsächlich so respektlos behandelten, wie seinerzeit wohl die
ägyptischen Sklavenantreiber ihre Arbeiter behandelten.
Die Arbeitskräfte wurden nur als minderwertiges Mittel zum
Zweck der eigenen Bereicherung angesehen, von deren
Wertschöpfung man den Großteil abkassierte.

Ich sah zwar ein, dass meine höhere Verantwortung für das
Unternehmen höher zu vergüten sei, als die Ausübung
vorgeschriebener Tätigkeiten, aber es müsse eine angemessene
Verhältnismäßigkeit gegeben sein.
Kein Mensch kann das Hundertfache eines anderen leisten,
vielleicht aber das Zehnfache.
Demzufolge ist ein Managergehalt unverschämt, wenn es
wesentlich höher ist, als das zehnfache durchschnittliche
Monatsgehalt seiner Mitarbeiter.
REFA - Leute sollten sich mal mit diesem Thema beschäftigen.
Für Managergehälter muss es eine Obergrenze geben…

Fans

Wenn eine Person eine Leistung schafft, zu der wir selber nicht
in der Lage sind, bewundern wir diesen Menschen.
Dabei lassen wir außer Acht, dass es wahrscheinlich nur diese
eine Fähigkeit ist, bei welcher wir unterlegen sind und dass wir
eventuell in anderen Disziplinen dieser Person sogar überlegen
sind.
Aber wenn wir nur auf diese eine hervorragende Fähigkeit
fixiert sind, bewundern wir diesen Menschen und erheben ihn
zum Idol.
Wir verehren die Person und bilden eine Fangemeinde, die
sogar Opfer bringt, um die verehrte Person zu unterstützen und
in ihre Aura aufgenommen zu werden.
Wir identifizieren uns mit ihr.
Das geht oft soweit, dass wir nicht nur materielle Werte opfern,
überhöhte Gagen bezahlen oder Fanartikel kaufen, sondern
unsere eigene Persönlichkeit aufgeben.
Unreife oder komplexbehaftete Mädchen prostituieren sich
dem Verehrten, vielleicht in der unterbewussten Hoffnung mit

seinen Genen fähigen Nachwuchs zu zeugen oder vor anderen
Mädchen prahlen zu können, labile Männer opfern Zeit,
Arbeitskraft und Geld, um sich die Gunst des Idols zu
erkaufen.
Alle Fans suchen in den Leistungen ihrer Idole Ersatz für die
eigene Unzulänglichkeit.
Dieses Wissen nutzen die ManagerInnen der Idole aus, um
deren Fans schamlos auszunutzen, sie zum Kauf von unnötigen
Staubfängern oder Zugehörigkeitsutensilien zu animieren und
überhöhte Eintrittsgelder zu kassieren.

Das Girokonto

Uns wird vorgeflunkert, dass das Girokonto gegenüber der
Lohntüte, den früheren Barauszahlungen durch Geldboten oder
Rentenkassen, für uns nur von Vorteil sei.
Das Girokonto wurde seit den 1960iger Jahren, mehr oder
weniger zwangsweise, als eine undemokratische
Pflichteinrichtung, eingeführt, die uns angeblich viele
Erleichterungen und mehr Sicherheit gegenüber
Diebstahl oder Raubüberfällen bietet.
Das ist aber nur die halbe Wahrheit.

Damals boomte das deutsche Wirtschaftswunder und
Unternehmensgründer brauchten Kredite.

Die Banken mussten seinerzeit aber immer ein Äquivalent zu
den Kreditvergaben vorhalten. Sie mussten über einen
wesentlich höheren Anteil an Bargeld (Eigenvermögen,
Goldreserven) oder anderen Sicherheiten in ihren Tresoren
haben, als heute.
Sie benötigten zu jeder ausgeliehenen DM eine angemessene

Eigenkapitalrücklage, deren prozentuale Anteile sich im Laufe
der Zeit von ursprünglich 100% bis zu heute nahezu Null%
veränderte.
Anfänglich durften Banken nur so viel Geld verleihen, wie sie
tatsächlich besaßen.
Dank der Einrichtung der Girokonten, die niemals sofort am
„Zahltag" vollständig von ihren Inhabern geräumt wurden,
konnten die Geldinstitute mit deren Guthaben spekulieren!

Sie verliehen unsere Guthaben an Kreditnehmer und verlangten
von denen saftige Leihgebühren und Zinsen (die eigentlich
unserem Konto gutgeschrieben werden müssten) und
verlangten von uns noch „Überziehungszinsen", wenn wir
tatsächlich einmal in den Miesen lagen.

War und ist das nicht Abzocke und ungerechtfertigte
Bereicherung?
Aber heute sind die Geldhäuser nicht mehr unbedingt auf
kleine Privatkonten angewiesen, es wird ja kaum noch Bargeld
ausgetauscht, heute sind das fast nur noch Kosten sparende
Umbuchungsvorgänge.
Seit über 50 Jahren wird der Bevölkerung vorgegaukelt, dass
ihr Geld auf einem Girokonto mehr Sicherheit bietet, als die
Lohntüte.
Das Argument des Raubüberfalls jedenfalls kann dadurch
relativiert werden, dass ich mit meiner Lohntüte ja nur einmal
im Monat unterwegs bin, wenn ich aber jede Woche zur Bank
gehe und Teilbeträge abhebe, dann bin ich der Gefahr des
Überfalls viermal ausgesetzt und kann viermal in einen Unfall
verwickelt werden, verbrauche den vierfachen Weg und die
vierfache Zeit…

Die Versicherungspolice

Eine Lebensversicherung schützt nicht vor dem Tode, sondern
sie soll die Folgekosten für die Hinterbliebenen abdecken oder
mindern.
Deshalb ist der Ausdruck „Lebensversicherung" eigentlich
irreführend; es müsste heißen: "Sterbefallkosten Police"!

Die Feuerversicherung verhindert keinen Brand, sondern sie ist
ein solidarischer Zusammenschluss von Menschen, die
gemeinsam eine Rücklage für den Ernstfall bilden, ohne
Gewinnabsicht.
Ursprünglich war der Versicherer eigentlich ein Buchhalter,
Kassierer und Zahlmeister dieser Gruppe.

Inzwischen haben sich die Versicherungsgesellschaften aber zu
einer Industrie und zu Spekulationseinrichtungen entwickelt,
die ständig neue Versicherungsformen auf den Markt bringen,
deren Notwendigkeit kritisch zu hinterfragen ist.

Da Lebensversicherungen, Krankenversicherungen und
Haftpflichtversicherungen steuerlich begünstigt werden, ist
besonders in diesem Bereich für die Versicherungsmakler und
Vertreter ein relativ leichter Zugang zu vertragswilligen
Kunden gegeben und oftmals wird praktisch dieselbe Police
unter verschieden Namen verkauft.
Zum Beispiel ist es unsinnig, wenn ein Familienvater bereits
eine Kapitallebensversicherung hat, dass in derselben Familie
noch zusätzlich Aussteuerversicherungen und
Ausbildungsversicherungen angeboten werden, das sind immer
Folgeschäden Ausgleich für den Todesfall des Vaters oder der
Versorgerin der Hinterbliebenen.!

Ist die deutsche Sprache Frauenfeindlich?

Da wir keine Vatersprache haben, sondern eine
Muttersprache, ist diese Unterstellung absurd!

Unsere Muttersprache wird seit einiger Zeit ständig auf Frauen
diskriminierende Ausdrucksweisen hin durchforstet und jeder
vermeintliche Beweis dafür wird dazu verwendet, die
angeblich diskriminierende Ausdrucksweise ins Gegenteil
umzuwandeln, in eine Männer diskriminierende Formulierung:

Die seinerzeit vereinfachte Anredeform „Sehr geehrte Herren"
im kaufmännischen oder behördlichen Schriftverkehr, wurde
stur abgeändert in „Sehr geehrte Damen und Herren".
Das war kurzsichtig und Männer diskriminierend; es wäre
sinnvoller gewesen, wenn man eine etwas höflichere Variante
gewählt hätte:
Zum Beispiel sollten Männer schreiben: „sehr geehrte Damen
und Herren", Frauen sollten aber die Herren voranstellen.
Es ist unhöflich, wenn eine Fernsehansagerin ihren Text mit
„Liebe Zuschauerinnen und Zuschauer" beginnt, diese
Formulierung sollten männliche Sprecher verwenden.
Frauen sollten in der Anrede zuerst das männliche Geschlecht
erwähnen, Männer zuerst das weibliche.
Wenn ich im Geschäftsverkehr weiß, dass mein Partner
männlich ist, können die Damen unerwähnt bleiben, wenn
meine Adressatin weiblich ist, brauche ich keine Herren
erwähnen…
Wer sich darüber beschwert, dass der Mensch unter dem
Maskulinum firmiert, der/die sollte wissen, dass es genau so
viele Personen auf der Welt gibt, wie Menschen. Haben unsere
Urmütter sich etwas dabei gedacht, als sie der Person den
weiblichen Artikel gaben?

Welche List seitens der Erfinderinnen unserer Muttersprache steckt wiederum dahinter, dass sie einer reinen Männergruppe den weiblichen Artikel statt eines eigenen Mehrzahlartikels zugeschrieben haben, zum Beispiel „dero"?

Und warum firmiert eine Frauen - Fußballelf unter der Bezeichnung „Frauen MANNSCHAFT?

Haben unsere Mütter wirklich eine Frauen und Mädchen diskriminierende Sprache geschaffen, oder haben sie mit einer eher willkürlichen Geschlechtsgebung, unter dem Aspekt der gerechten Verteilung, gehandelt?

Als Mann könnte ich sogar vermuten, dass die Schöpferinnen unserer Muttersprache eher ihr eigenes Geschlecht bevorzugt haben:

Die Geburt, die Freude, die Liebe, die Schönheit; aber der Hass, der Tod, der Krieg…

Warum sagen wir die Kuh, der Esel, das Kamel? ; der Löffel, die Gabel, das Messer?...

 Wir wissen jedenfalls, dass es neben einer scheinbaren Willkür auch einen anderen Grund für die unlogische Geschlechtsgebung gibt: Unsere Ahninnen hatten z.B. der Fahrzeugunterkunft ursprünglich den weiblichen Artikel verpasst, wir haben aber aus Frankreich das – dort männliche – Pendant importiert, die Garage, haben dabei aber eine Geschlechtsumwandlung verursacht, indem wir die Übernahme des männlichen Artikels verweigert haben...

 Manche Frau ist darüber beleidigt, dass sie in der Berufsbezeichnung scheinbar immer nur ein Anhängsel an das männliche Pendant sei; der Maler, die Malerin; der Bäcker, die Bäcker in … aber wie ist es mit dem Hebamme/r?

Und warum sind Männer mit derselben Logik nicht beleidigt, wenn ihnen in der Berufsbezeichnung gegenüber dem weiblichen Pendant immer das Schwänzchen „in" amputiert wurde?

Schließlich sind doch wohl die meisten Handwerksberufe ursprünglich der weiblichen Intuition entsprungen: während die

Männer einer Sippe auf der Jagd waren und ihre Nahrung
hauptsächlich aus dem Töten anderer Lebewesen sicherten,
erfanden die Frauen die bäuerliche Kultur mit allen Folgen.
Sie entdeckten wohl zuerst, dass man Mutterziegen auch einige
Zeit melken konnte, bevor sie zum Verzehr freigegeben wurden
und dasselbe geschah mit Hühnern und ihren Eiern.
Frauen entdeckten, dass man Korn auch aussäen kann…

Während die Jäger und Krieger oft lange Zeit auf Wanderschaft
waren, und Tiere töteten, um sich und der Sippe Nahrung zu
besorgen, sammelten deren zurückgebliebene Frauen
pflanzliche Nahrung und erfanden beim Hüten des Feuers und
des gemeinsamen Nachwuchses   und während der Pflege der
Gebrechlichen, der Kranken und Verwundeten, die Heilkunst,
die verschiedenen Handwerke des Schneiderns, des
Kürschners, des Gärtners und nach und nach fast alle
Handwerke…

Also meine Damen und Genderfans, eine Ent- Diskriminierung
der Sprache sollte nicht zur Um - Diskriminierung verwendet
werden! ...
Statt neue geschlechtsneutrale und Text aufblähende
Ausdrucksweisen zu erfinden, wäre es auch denkbar, einfach
etwas höflicher zu sein, indem die Damen bei ihren Texten
zuerst die Männerwelt ansprechen und die Herren den Damen
den Vortritt gewähren. Und statt grundsätzlich immer beide
Geschlechter zu benennen, sollte einfach nur abwechselnd
einmal die weibliche Form benannt werden und einmal die
männliche.
Auf diese Weise würde die angebliche Diskriminierung gerecht
verteilt und somit neutralisiert.
 Oder alles neutralisieren:
 Statt Schüler und Lehrer könnte man Lernende und Lehrende
sagen, statt Bürger und Bürgerinnen könnte auch Bürgerschaft
genügen, die Frauenmannschaft kann ihre Mitte" mann"

exekutieren und bliebe trotzdem heil...

Des deutschen Mannes Götze

Ja, das geliebte Auto. Eine kleine Schramme ist schlimmer
als der Beinbruch meiner Frau!
Pfui, schämt euch, wenn ihr so empfindet!

Das Auto ist doch nur ein ganz banales Transportmittel, das
zum alltäglichen Gebrauch bestimmt ist.
Gebrauchsgegenstände müssen aber mit der Zeit zwangsläufig
Gebrauchsspuren erhalten. Das wären bei unserem verehrten
Fortbewegungsmittel natürlich Schrammen und Beulen, kleine
Schönheitsfehler...
Je mehr solche „Gebrauchseindrücke" ein Fahrzeug im Laufe
seines Nutzungslebens erworben hat, um so stolzer müsste
Mann eigentlich sein.
Warum hat sich in unserer Gesellschaft die sehr unvernünftige
und umweltbelastende und die Versichertengemeinschaft
schädigende (Policen verteuernde) angebliche Erfordernis
eingebürgert, dass solche „Schäden" immer sofort zu
beseitigen sind?
Die Fahrzeugindustrie und die Werkstätten haben uns mit ihren
Reklamen derart verblödet, dass wir selbst kleinsten
„Schäden"an unseren Blechgöttinnen eine Wertminderung
zuschieben.
Wir Autoanbeter/innen sollten von dieser absurden Denkweise
endlich, umweltbewusster, Abstand gewinnen.
Beulen und Schrammen die die Fahreigenschaften und die
Sicherheit eines Autos nicht beeinträchtigen, sollten von den
Entschädigungspflichten der   Haftpflichtversicherungen
ausgeschlossen werden und damit unnötige
Umweltbelastungen (giftige Farben, Energieverbrauch,
Materialverschleiß u.vieles mehr) vermieden werden...

Wer sich freiwillig ins Verkehrsgetümmel begibt, die/der muss
auch Blessuren in Kauf nehmen...

Spiel, Sport, Wettbewerbe und Unterhaltung

Wir können spielerische Wettkämpfe im Tierreich beobachten
und wissen, dass auch wir Menschenkinder die Welt spielerisch
erfassen / erkunden.
Wenn ein Individuum seine körperlichen Fähigkeiten trainiert,
nennt man das Sport.
Aus der Erkenntnis, dass das Training effektiver ist, wenn man
seine Fähigkeiten mit anderen Mitgliedern der Gemeinschaft
vergleichen kann, hat sich der sportliche Wettkampf entwickelt.
Ein Vergleich ist aber nur sinnvoll, wenn gleiche Übungen
unter den gleichen Bedingungen betrachtet werden.
Unter „gleiche Bedingungen" sind die Voraussetzungen und die
Mittel insgesamt zu verstehen. Die Vergleichspersonen müssen
annähernd gleiche körperliche Voraussetzungen mitbringen und
die verwendeten Hilfsmittel müssen sich entsprechen.
So kann man nicht von einem sportlichen Wettkampf sprechen,
wenn ein leichtgewichtiger Knabe mit einem Degen in der
Hand, barfuß, gegen einen geharnischten, ausgewachsenen
Ritter antreten soll, der, mit Schwert und Lanze bewaffnet,
vom Pferderücken aus kämpfen kann.
Darum hat sich im Bereich des Sports der Begriff „Fairness"
gebildet welcher eigentlich nur aussagt, dass alle Bedingungen
und die Vorgehensweise selber – im Rahmen festgesetzter
Regeln - übereinstimmen müssen.
Wieso man unter diesen Bedingungen Autorennen als Motor –
S p o r t - Veranstaltungen bezeichnen kann, ist wohl nur
dadurch zu erklären, dass nicht eigentlich die Leistungen der
Fahrer im Wettbewerb liegen, sondern die Fahrzeuge –

insbesondere ihre Motoren – im Vordergrund stehen. Demnach
können also nicht nur Menschen Sport ausüben, sondern diese
Fähigkeit wird   - für besondere Zwecke - auch auf Sachen
übertragen.
In unsere Wahrnehmung wird aber fälschlicherweise der Pilot
als Sieger gedrängt (aus wirtschaftlichem Interesse der
Veranstalter), in Wirklichkeit – oder vorwiegend - liegt das
Verdienst des Sieges bei den Ingenieuren, Konstrukteuren und
Technikern (die zwar auch prämiert werden, was aber von der
Öffentlichkeit wesentlich weniger wahrgenommen wird).

Wenn die Menschheit vernünftig wäre, gäbe es überhaupt gar
keine Autorennen oder Motorradrennen. Beide dienen ganz
alleine der nutzlosen Verschwendung von Ressourcen und
gefährden Menschen und die Natur unnötig, um einigen
Wenigen ihr unsinniges und viel zu teures Hobby zu
finanzieren. Ich kann nicht nachvollziehen, wieso Erkenntnisse
aus solchen Veranstaltungen zum Nutzen des alltäglichen
Straßenverkehrs dienen könnten, wenn da doch total andere
Bedingungen vorliegen und wenn die Autohersteller eigene
Versuchsstrecken vorhalten.
Dass hier ein Umweltsünder für seine Tat sogar mit
Millionenbeträgen belohnt wird, während ich eine
gebührenpflichtige Verwarnung riskiere, wenn ich im Winter
mein Auto im Stand vorheize, ist doch ein wahrer
Schildbürgerstreich gegen jede Vernunft.
Wo bleibt die Vernunft, wenn es darum geht, den schlimmen
Folgen von Motor – Rennveranstaltungen vorzubeugen?
(außer der direkten Umweltbelastung folgen ja noch die
Belästigungen und Gefährdungen – und Unfälle – die durch die
anschließende Raserei verursacht werden, zu der mancher
verblendete Zuschauer sich anstecken lässt).-

Ich bin für Unterhaltung und Sportveranstaltungen; aber
solche Ereignisse können nicht vernünftig sein, wenn sie nur

noch den finanziellen Interessen der Manager und Akteuren
dienen; wenn sie nur noch einen unnötigen Wirtschaftszweig
darstellen; wobei die Kundschaft, die Zuschauer gehörig
betrogen werden, um möglichst viel Geld für Trug Schauspiele
aus ihren Taschen locken zu können.

Wenn mir vorgegaukelt wird, dass mein Heimatverein für
„uns" in der Nachbargemeinde den Sieg errungen hat, dann
wird doch suggeriert: „Wir sind besser, als die Nachbarn, die
Sportler aus meiner Gemeinde (meine Brüder und Schwestern)
bringen uns Ehre, ich bin Teil dieser hervorragenden
Gesellschaft".....uns wird also das Gefühl vermittelt, wie einem
Kind, dessen Vater ruhmreich von einem Feldzug zurückkehrt
und dafür von der Gemeinde verehrt und geachtet wird, was
mir natürlich auch zugute kommt.

Wenn aber mein Heimatverein aus Söldnern aus fremden
Gemeinschaften besteht, dann kann ich eben auch nur das
Gefühl haben, wie ein Kind, bei dem der siegreiche Stallknecht
das Vaters an den Hof zurückkehrt; dessen künftiges Ansehen
und der ihm entgegengebrachte Respekt ist zwar erfreulich, er
wird aber nicht auf mich abfärben!

Deswegen finde ich die Vermittlung des „Wir Gefühls" gerade
beim Fußballsport als Betrug an den Zuschauern; warum geben
die Verantwortlichen nicht zu, dass es sich bei „unserer"
Mannschaft nur um die „von uns finanzierte" oder gekaufte
Mannschaft handelt (mit welcher wir uns keineswegs selbst
identifizieren können); mit welcher wir lediglich Geld
machen wollen? Unsere Mannschaft stellt nichts anderes dar,
als eine Aktie von einer Kapitalgesellschaft; unsere Mannschaft
ist eine Kapitalanlage!

Nur bekommen wir Zuschauer, der Fanclub, leider nichts von
den Dividenden ab; wir werden als das Kleinvieh missbraucht,
das mit seinen Beiträgen und Eintrittsgeldern die Deckung der
"Löhne" und Nebenkosten sichert.

Wenn zum Beispiel bei der Verschiebung eines Fußballsöldners
zwischen zwei Vereinen mehrere Millionen € als Ablösesumme

fließen, dann ist das ein eindeutiger Beweis dafür, dass den
Zuschauern und Beitragszahlern viel zu hohe
„Nutzungsentgelte" abgeknöpft werden!

Ich will nichts dagegen einwenden dass Fußballfans sich für
Söldner begeistern, aber das sollten sie auch so wahrnehmen;
sie verhalten sich jedenfalls nicht vernünftig, wenn sie ihren
Spielern derart königliche Gehälter zubilligen, dass die mit
einem einzigen Jahresverdienst das Lebenseinkommen eines
Normalbürgers übertreffen.
Deswegen finde ich es nicht gerecht und unvernünftig, dass
auch noch meine Steuergelder und Fernsehgebühren zur
Finanzierung der „öffentlichen" Sicherung und Förderung von
Bundesligaspielen oder Rennveranstaltungen missbraucht
werden.

Bei Gemeinde internen Veranstaltungen (auch in der
Kreisliga) wo es wirklich noch um den reinen Sport geht; um
die ehrliche Förderung des Gemeinschaftsgefühls, bin ich
selbstverständlich gerne bereit, ein angemessenes Eintrittsgeld
zur Finanzierung und Pflege des Sportplatzes zu bezahlen, aber
für die Millionengagen der Söldner bezahle ich nicht mehr, als
mir von Staats wegen zwangsweise entwendet wird.
Wie gesagt, wo beim Sport noch Vernunft vorhanden ist, wo es
um körperliche Ertüchtigung oder öffentliche Unterhaltung
geht, wo Geld nur zur Finanzierung der materiellen
Voraussetzungen und zur Sicherung des Sportbetriebes verlangt
wird, habe ich überhaupt keine Probleme und gebe sogar gerne
einen Zusatzbeitrag für die Förderung des Sports und für eine
angemessene Belohnung der Akteure, als Leistungsanreiz
(eine Flasche Sekt für den Sieger oder neue Trikots für die
Sieger Mannschaft …), aber nicht zur Befriedigung der Gier
und der Unterstützung einer umweltschädigenden Fanartikel
Industrie..

Wie kann ein Tennisspieler mehr als das tausendfache eines
Fließbandarbeiters verdienen!?
Da stimmt doch etwas nicht mit der Bewertung der
Tätigkeiten!
 Ich bezahle auch gerne den Eintritt zu Tanzveranstaltungen
oder den Museumsbesuch, aber bei Verkaufsmessen bin ich
sehr kritisch hinsichtlich einer Gebührenerhebung, da befürchte
ich immer, dass die Supermärkte nachziehen könnten, wenn sie
merken, dass Kaufinteressenten auch bereitwillig Einlass
Gebühren bezahlen...

.

Dass ich die Wahl einer angeblichen Schönheitskönigin
mitfinanzieren sollte, käme mir nie in den Sinn; ich unterstütze
doch nicht die Beleidigung der anderen Mädchen.
Wie kann ein Mensch so blöde sein, zu glauben, dass eine
einzige Frau objektiv schöner sein kann, als alle anderen und
damit der gesamten übrigen Frauenwelt bescheinigen, dass sie
unattraktiv sei!
Erstens ist Schönheit hauptsächlich Geschmackssache und
zweitens kommt wahrscheinlich die wirklich Schönste kaum zu
einer Misswahl.
Schönheitsköniginnen werden „willkürlich" gekürt, es wird
von den Veranstaltern subjektiv ein Opfer bestimmt, welches
sich bestmöglich vermarkten lässt.
Schönheitsköniginnen und Models sind zur Handelsware
degradierte, aber hoch dotierte – mehr oder weniger freiwillig
in die Sklaverei gegangene – verblendete junge Frauen!
Ich versteh auch nicht, wieso es Menschen gibt, die bereit sind
für ein Kleidungsstück viel mehr zu bezahlen, wenn sie es
vorher an einem - vermeintlich – attraktiven Model gesehen
haben, das eine total unnatürliche Statur hat, nicht im
geringsten erinnernd an die eigenen Maße, als wenn sie es
erstmals in der Umkleidekabine eines Kaufhauses am eigenen
Körper gesehen haben. Das hat nichts mehr mit Vernunft zu

tun, sondern ist das Ergebnis von Hirnwäsche seitens der Werbeindustrie (Verblendung und Aufdrängen von Illusionen). Die Models werden für ihre eigene Zurschaustellung unverhältnismäßig gut bezahlt, auf Kosten der dummen Kundinnen.

-

Gerne bezahle ich ein angemessenes Eintrittsgeld in einen Zirkus, weil ich annehme, dass die dortigen Akrobaten uns noch aus Berufung oder Idealismus unterhalten, ohne den Hintergedanken, mit möglichst wenig Aufwand super reich werden zu wollen.
Ich weigere mich aber, auf einer öffentlichen Veranstaltung, einen Beitrag für eine Superkünstlergage für den Auftritt eines Schlagersängers zu leisten, wenn ich mich nur nach Entrichtung eines unverschämt hohen Einlass Entgelts unter die Fans mischen darf (zumal, wenn der Verehrte zuvor schon durch meinen Plattenkauf und meine GEMA - Abgaben an mir verdient hat).
Der Genuss, für einen Abend in die Aura des Künstlers und seiner Anhänger eindringen zu dürfen, ist mir nie mehr wert, als vergleichsweise höchstens ein Abendessen in geselliger Runde.

Es gibt sogar Fälle, bei denen ich freiwillig ein paar Cent oder Euro spendiere; zum Beispiel, wenn Nachwuchskünstler oder Studenten – unaufdringlich – auf öffentlichen Plätzen trainieren und ein paar Kostproben ihrer Künste darbieten, ohne direkt „Eintrittsgeld“ zu verlangen. Wenn ich allerdings den Verdacht haben muss, dass ich Mitglieder eines organisierten Zweckverbandes vor mir habe, ignoriere ich sie einfach.
Es gibt öffentliche Einrichtungen zur Unterhaltung und kulturellen Nutzung für die Bürger und Besucher einer Gemeinde, die ich sinnvoll finde; das sind hauptsächlich solche Einrichtungen, die ich selber, oder meine Familie nutzen kann

(Stadtbücherei, Hallenbad, Sportplatz, Kinderspielplatz ...);
dass für die Finanzierung dafür ein Teil meiner Steuergelder
erforderlich ist, sehe ich ein.

Ich kann aber nicht meine Zustimmung geben, wenn es sich
um Objekte handelt, die nicht jedermann zugänglich, oder nur
für eine Minderheit von Interesse sind (zum Beispiel der
Schützenverein, Angelverein, Golfplatz....)

Deshalb mag jede / r für sich selbst entscheiden, welche
öffentlichen Einrichtungen vernünftigerweise von der
Allgemeinheit (den Steuerzahlern) öffentlich gefördert
werden dürfen, und welche der jeweilige Interessenkreis selber
finanzieren muss.

-